M. C. CUREY
CAPITAINE D'ARTILLERIE

L'ARTILLERIE

SCHNEIDER-CANET

A

L'EXPOSITION UNIVERSELLE DE 1900

AVEC 44 FIGURES ET 11 PLANCHES HORS TEXTE

BERGER-LEVRAULT ET Cⁱᵉ, ÉDITEURS

PARIS
5, RUE DES BEAUX-ARTS

NANCY
18, RUE DES GLACIS

1902

M. C. CUREY

CAPITAINE D'ARTILLERIE

L'ARTILLERIE

SCHNEIDER-CANET

A

L'EXPOSITION UNIVERSELLE DE 1900

AVEC 44 FIGURES ET 11 PLANCHES HORS TEXTE

BERGER-LEVRAULT ET Cie, ÉDITEURS

PARIS | NANCY
5, RUE DES BEAUX-ARTS | 18, RUE DES GLACIS

1902

L'ARTILLERIE SCHNEIDER-CANET

À

L'EXPOSITION UNIVERSELLE

DE 1900

L'industrie métallurgique et mécanique s'est développée à la fin du XIXe siècle de telle façon, que les conditions de la vie industrielle des nations se sont trouvées complètement modifiées.

Au lieu d'avoir, comme en Amérique, pris la forme du *trust,* c'est-à-dire de l'accaparement dans chaque branche, l'industrie des nations européennes est devenue une sorte de féodalité financière, commerciale et industrielle.

Les faits que nous avons journellement sous les yeux nous prouvent en effet clairement que seule l'utilisation en grand des moyens de production peut aboutir à des résultats économiques vraiment dignes de ce nom.

La sidérurgie appliquée à la mécanique et à l'art de la guerre ne devait pas échapper à ce mouvement d'ensemble; l'artillerie et l'industrie du blindage, la lutte du canon et de la cuirasse, devaient fatalement amener le développement de grandes usines dont l'importance ira toujours croissant jusqu'au jour où nous aurons en France, ainsi que cela existe déjà en Angleterre et en Allemagne (¹), des établissements susceptibles de livrer, par exemple, un navire de guerre complètement armé.

En Allemagne, sous la pression du gouvernement, Krupp et Gruson fusionnaient en 1893. L'exemple a été suivi en Angleterre par Armstrong et Whitworth, par Maxim, Nordenfelt et Vickers. Enfin nous avons vu récemment les établissements de Saint-Chamond et Vickers s'entendre pour la fourniture de canons de campagne à l'Espagne.

On annonce, d'autre part, que Vickers négocie avec la *Bethleem Steel Company* et la maison *Cramp* de Philadelphie pour construire aux États-Unis des navires de gros tonnage avec leur armement de guerre au complet.

Dernièrement enfin, l'*Army and Navy Journal* du 2 mars 1901 nous apprend que l'usine de *Finspong*, la plus considérable de la péninsule scandinave, aurait été achetée par une société anglaise (²).

Ces exemples ont été suivis en France, et c'est ainsi que la création d'une société puissante pour la fabrication du matériel de guerre a été réalisée le 23 janvier 1897 par la réunion des services de l'artillerie Schneider et Cⁱᵉ avec les installations similaires de la Société des Forges et Chantiers de la Méditerranée.

---

(1) En Angleterre, *Vickers-Maxim*, dont les principales usines sont à Sheffield, Erith, Barrow-in-Furness, etc. En Allemagne, *Krupp* avec ses ateliers du bassin de la Ruhr et les chantiers Germania à Kiel, les usines *Schichau* à Elbing. (Voir *Du Weser à la Vistule. Lettres sur la marine allemande,* par Édouard Lockroy, p. 51 et 114.)

(2) Constituée au capital de 110 000 £, cette société aurait déjà considérablement accru l'outillage pour la fabrication des gros canons. La *Revue d'artillerie* (t. 50, p. 350) a décrit un matériel de campagne sorti des usines de Finspong.

LES ÉTABLISSEMENTS SCHNEIDER ET Cie

En 1782, une société se constituait, sous le patronage de Louis XVI, pour l'exploitation des fonderies royales de Montcenis, alimentée par la Mine du Creusot. En 1786, on construisit quatre hauts fourneaux et l'on appliqua la méthode de Wilkinson, inventeur du cubilot pour refondre la fonte au coke. Les moteurs employés étaient des moteurs hydrauliques, puis, l'eau étant venue à manquer, on installa la machine à vapeur de Watt. Enfin, le Creusot commença à devenir un centre industriel important vers 1787, époque du transfert dans cette localité de la cristallerie de Sèvres, qui y fut maintenue jusqu'en 1832.

Sous la Révolution, les usines du Creusot, réquisitionnées pour la construction du matériel de guerre, durent venir en aide aux arsenaux nationaux, et Monge, dans son livre (¹) imprimé par ordre du Comité de Salut public, cite déjà leurs procédés de fabrication :

..... A la fonderie du Creusot près Montcenis, où indépendamment des fourneaux à réverbère, propres à refondre la fonte, il y a trois grands fourneaux de quarante pieds de hauteur chacun, ce

---

(1) *Description de l'art de fabriquer les canons,* par GASPARD MONGE. — A *Paris,* de l'imprimerie du Comité du Salut public, an 11 de la République française.

« Par son arrêté du 14 pluviôse, le Comité du Salut public appela à
« Paris, de chaque district de la République, des citoyens choisis parmi les
« canonniers de la garde nationale, pour y apprendre, dans des cours ré-
« volutionnaires, l'art d'extraire le salpêtre, le procédé nouveau du raffinage
« de cette substance, la nouvelle manière de fabriquer la poudre; enfin, la
« fabrication des canons de bronze, pour le service de nos armées de terre,

n'est pas du charbon de bois que l'on emploie pour les alimenter, c'est du charbon de terre, fourni par une mine qui est dans le lieu même. . . . .

Durant toute la période des guerres de la Révolution et du premier Empire, des bouches à feu en bronze et en fonte, de grandes quantités de projectiles sortirent des ateliers du Creusot.

A la paix de 1815, les fournitures pour l'armée furent suspendues et ne reprirent guère qu'en 1854, lors de la création de l'industrie des blindages, et en 1870 pour satisfaire aux besoins de l'artillerie proprement dite.

Pendant la guerre franco-allemande, les usines du Creusot (¹) répondirent avec empressement à l'appel du Gouvernement de la Défense nationale et purent livrer en cinq mois 25 batteries de 7 (système de Reffye) et 16 batteries de mitrailleuses.

Enfin, en 1875, après de nombreuses études et de longues expériences, elles commencèrent la fabrication régu-

---

« et de fer coulé, pour l'armement de nos vaisseaux. Il chargea de ces
« cours les citoyens :

FOURCROY.	
PLUVINET	Pour le salpêtre.
DUFOURNY.	
GUYTON.	
CARNY	Pour la poudre.
BERTHOLLET	
HASSENFRATZ	
MONGE	Pour les canons.
PERRIER	

« Et il arrêta que *chacun des trois instituteurs, pour un même objet,*
« *ferait un cours complet,* afin que les mêmes choses, par les manières
« différentes d'être exposées, devinssent claires pour tous les genres d'es-
« prits. »

C'est ainsi que, par un arrêté spécial du 18 pluviôse (an II), Monge fut
chargé de l'élaboration du cours cité plus haut, lequel fournit non seulement
des indications sur le travail des métaux et la fabrication des canons, mais
contient encore de véritables tables de construction pour les bouches à feu
et certains de leurs accessoires.

(1) Les usines du Creusot sont entre les mains de MM. Schneider depuis
1836.

lière des canons, fabrication qui fut d'ailleurs menée de
front avec la construction des tourelles et des cuirassements.

Le service spécial de l'artillerie fut séparé complètement en 1888 du service des ateliers de construction et
des locaux spéciaux lui furent affectés. Une organisation
complète de voies d'accès, de moyens de transports,
d'appareils de levage, de transmissions et d'outillage
fut progressivement créée.

*
* *

Actuellement, depuis la réunion avec le service analogue de la Compagnie des forges et chantiers de la Méditerranée, le service de l'artillerie Schneider-Canet est
centralisé à Paris.

Le matériel de bord et de côte est plus spécialement
construit au *Havre* et expérimenté dans les polygonès
d'*Harfleur* et du *Hoc*. Le matériel de campagne, de
siège et de place est réservé aux ateliers du *Creusot* dans
les environs desquels se trouve le champ de tir de *la
Villedieu*.

La fabrication des projectiles et leur usinage se font
au Creusot, tandis que les munitions confectionnées et
les fusées sortent habituellement des ateliers du Havre.
Cette répartition n'a d'ailleurs rien d'absolu et les
deux centres de fabrication peuvent se prêter au besoin
un mutuel appui, car ils possèdent l'un et l'autre un
outillage très complet permettant d'exécuter les engins
les plus variés demandés par l'artillerie.

Outre les ateliers cités plus haut et qui s'occupent
surtout d'artillerie, la société Schneider et Cie possède
encore les établissements suivants :

Hauts fourneaux, forges et aciéries de *Cette* (Hérault) ;

Chantiers de constructions navales de *Chalon-sur-Saône* (*Petit Creusot*) ;

Ateliers d'électricité de *Champagne-sur-Seine* (Seine-et-Marne) ;

Houillères de *Decize* (Nièvre), *Montchanin* et *Long-pendu* (Saône-et-Loire) ;

Mines de fer de *Mazenay, Créot* et *Change* (Saône-et-Loire) ;

Mines de fer en Espagne ;

Usines de produits réfractaires de *Perreuil* (Saône-et-Loire).

Les ateliers, polygones et voies ferrées occupent au total une surface de 970 hectares.

La force motrice totale atteint environ 35.000 chevaux qui mettent en action 400 machines à vapeur, 250 dynamos, 32 presses hydrauliques, 60 marteaux-pilons et 2.600 machines-outils, grues et ponts roulants.

Le réseau ferré particulier comprend 250 kilomètres de voies normales ou étroites sur lesquelles circulent 42 locomotives et 2.200 wagons.

Les différentes usines consomment annuellement 515.000 tonnes de charbon et 110.000 tonnes de fonte et leur production, en fer et acier, atteint 150.000 tonnes.

Le personnel employé s'élève en moyenne à 15.000 personnes.

*
* *

Fig. a. — Pavillon du Creusot.

A l'Exposition universelle, la société Schneider et Cie s'était installée dans un pavillon spécial situé à l'extrémité ouest du Palais des armées de terre et de mer. L'artillerie était placée au premier étage de ce pavillon, tandis que les blindages et les machines se trouvaient au rez-de-chaussée, à hauteur des berges de la Seine.

*
* *

Nous décrirons d'abord le matériel destiné à l'artillerie de terre, puis le matériel de bord.

Nous étudierons ensuite les mécanismes de fermeture de culasse les plus récents et, enfin, en rappelant les épreuves auxquelles ont été soumises les plaques de blindage présentées, nous exposerons sommairement l'état actuel de l'industrie des cuirassements qui se relie si étroitement à l'art de la fabrication des bouches à feu.

MATÉRIEL DE TERRE

GÉNÉRALITÉS

Etant donnée la diversité des conditions de la guerre, il est difficile de réaliser un système complet d'artillerie présentant une parfaite unité de conception. Le matériel de Bange présente cependant à un haut degré cette qualité ; mais, le plus souvent, les moyens financiers et le temps suffisant font défaut et c'est presque toujours sous la pression des événements qu'une puissance songe à perfectionner, soit le matériel de campagne ou de montagne, soit l'armement des places, soit les bouches à feu de côte.

En ce qui concerne l'artillerie à tir rapide, il appartenait à une grande usine métallurgique de tenter la réalisation d'une série de modèles présentant un caractère suffisant d'homogénéité.

Les établissements Schneider paraissent avoir donné une solution satisfaisante du problème, tout au moins en ce qui concerne les bouches à feu de campagne. Quant à leurs pièces de côte, elles se rattachent au système de bord. La tourelle pour canon de petit calibre, les affûts-trucs ont naturellement une organisation toute spéciale.

Avant d'entamer la description succincte des différentes pièces exposées, nous croyons utile de mettre sous les yeux du lecteur un tableau résumant les principales données numériques, en le prévenant toutefois que nous nous occuperons de préférence des matériels les plus nouveaux et des engins les plus intéressants, en service à terre, *même s'ils ne figuraient pas à l'Exposition.*

MATÉRIEL DE CAMPAGNE
ET DE MONTAGNE

MATÉRIEL DE CAMPAGNE DE 75ᵐᵐ MOD. 1898-1900

(PL. I, FIG. I à 9)

Le dernier type présenté par le Creusot est un perfectionnement du matériel 1898 qui figurait à l'Exposition. Nous donnons ici la description du modèle le plus récent, lequel a fait l'objet d'intéressantes expériences au champ de tir d'Harfleur, le 13 mars 1901, en présence d'un grand nombre d'officiers de toutes nationalités [1].

Les principaux caractères de ce matériel peuvent se résumer ainsi :

— Bouche à feu à long recul sur un affût immobilisé pendant le tir par l'emploi d'un frein hydraulique et d'un récupérateur à air indépendant d'une part, d'une bêche de crosse et d'un appareil d'ancrage latéral d'autre part.

— Continuité du pointage obtenue au moyen d'un appareil permettant de modifier l'angle sans changer la ligne de visée (laquelle peut d'ailleurs être dirigée sur un point quelconque de l'horizon), la direction étant corrigée par coulissement de l'affût sur l'essieu ;

— Service simple et rapide dû à l'immobilité de l'affût et au réglage automatique des fusées.

---

[1] C'est à ces expériences que l'on doit attribuer en partie le revirement qui s'est produit en Suisse au sujet de l'artillerie de campagne. (Voir *Revue d'artillerie,* t. **58**, p. 87 et 350.)

Le matériel 1898-1900 a déjà été décrit en détail dans un volume publié par la maison Schneider et Cⁱᵉ sous le titre « *Tirs d'ensemble exécutés au champ de tir d'Harfleur le 13 mars 1901.* — Nevers, Mazeron frères », puis par la *Revue militaire suisse* de juillet 1901 et par l'*Engineering,* n° 1885.

C'est à ces diverses justifications que nous avons emprunté les renseignements qui vont suivre.

On trouvera également dans l'*Internationale Revue,* supp. 26, et la *Kriegstechnische Zeitschrift,* n° 5 de 1901, quelques indications sommaires sur le même sujet.

	BOUCHE à feu.		Voiture-pièce.
MATÉRIELS DE MONTAGNE, DE CAMPAGNE, DE SIÈGE, DE PLACE ET DE CÔTE SYSTÈME « SCHEIDER-CANET ».	Longueur.	Poids.	Poids.
	cal	kg	kg
Canon de 57mm sous tourelle à éclipse.	23,7	164	»
Canon de montagne de 75mm mod. 1898 sur affût à frein hydropneumatique.	16	105	»
Canons de campagne — de 75mm, mod. 1893.	33,3	355	1690
Canons de campagne — mod. 1896 sur affût à flèche compressible.	30	345	1770
Canons de campagne — mod. 1895-1898 sur affût à frein hydraulique.	33	330	1724
Canons de campagne — mod. 1898 (type puissant) sur affût à frein hydropneumatique.	31,3	365	1780
Canons de campagne — mod. 1898 (type léger) sur affût à frein hydropneumatique.	25	277	1865
Canons de campagne — mod. 1898-1900 sur affût à frein hydropneumatique.	31,3	365	1750
Canon de position de 105mm sur affût à frein hydropneumatique.	28	1015	2735
Canons de siège de 12cm sur affût à frein hydraulique.	28	1450	3860
Canons de siège de 12cm sur affût à frein hydropneumatique.	28	1450	3690
Obusiers de campagne de 105mm sur affût à frein hydropneumatique.	12	380	1720
Obusiers de campagne de 120mm — —	12	495	2025
Obusiers de campagne de 150mm — —	12	750	2400
Obusier de 15cm sur affût-truc.	12	860	12040 (1)
Canons de côte de 9cm à tir rapide.	30	765	»
Canons de côte de 12cm à tir rapide.	30	1645	»
Canons de côte de 15cm à tir rapide.	45	5800	»
Canons de côte de 24cm à tir rapide.	30	24136	»
Canons de côte de 27cm.	36	28530	»

(1) Poids total du truc. — (2) Avec frein et enrayage.

| | | AFFUT. | | | | AVANT-TRAIN. | | | MUNITIONS. | | | DONNÉES BALISTIQUES. | | | | |
| | | AMPLITUDE DU | | | | | | | | | | | | | | |
Poids.	Hauteur de genouillère.	Pointage en hauteur.	Pointage en direction.	Diamètre des roues.	Largeur de la voie.	Poids (vide).	Nombre de cartouches.	Poids (chargé).	Poids du projectile.	Poids de la charge.	Nature de la poudre.	Nombre de coups par minute.	Vitesse initiale.	Puissance vive à la bouche.	Portée maximum.	Épaisseur de cuirasse traversée.
kg	mm	deg	deg	mm	mm	kg		kg	kg	kg			m	tm	m	mm
»	»	—6 + 10	360	»	»	»	»	»	2,7	0,217	sans fumée	»	480	31,7	3800	»
250	670	—4 + 18	0	000	750	»	»	»	5	0,175	Id.	8	290	21,5	3450	»
615	750	—5 + 20	0	1500	1200	396	36	720	6,5	0,950	Id.	»	580	111,5	7000	»
655	975	—5 + 15	+ 10 — 10	1250	1250	444	38	770	6,5	0,650	Id.	»	500	83	5600	»
670	750	—5 + 20	+ 2 — 2	1500	1200	409	36	722	6,5	0,800	Id.	»	560	104	6800	»
645	855	—5 + 14	+ 2 — 2	1220	1400	444	38	770	6,5	0,725	Id.	»	550	100,5	5800	»
508	855	—5 + 14	+ 2 — 2	122)	1400	364	30	580	5	0,500	Id.	20	450	51,7	4600	»
615	905	—5 + 17	+ 2½ — 2½	1220	1400	445	38	770	6,5	0,640	Id.	20	500	83	5700	»
1385	1500	—7 + 20	+ 2½ — 2½	1500	1500	335	»	335	16	1,1	Id.	8	500	204	7500	»
1750	1790	—12 + 28	0	1540	1500	350	»	660 (²)	20	5,5	noire	2	480	236	8000	»
1885	1800	—15 + 28	+ 2½ — 2½	1500	1680	355	»	355	21	1,730	sans fumée	6	500	268	9000	»
540	1000	—5 + 45	+ 2 — 2	1220	1400	420	21	800	16	0,470	Id.	8	300	74	6500	»
645	1060	—5 + 45	+ 2 — 2	1220	1400	435	18	885	21	0,500	Id.	6	300	97	6650	»
1050	1150	—5 + 45	0	1270	1300	350	6	600	40	0,825	Id.	4	260	138	5500	»
3500	»	+ 60	360	»	600	»	»	»	40	0,825	Id.	»	260	138	5500	»
912	»	—10 + 20	360	»	»	»	»	»	7,6	1,050	Id.	12	600	139,5	6435	125
1090	»	—12 + 15	360	»	»	»	»	»	18	2,050	Id.	10	580	308	6300	162
»	»	—10 + 15	360	»	»	»	»	»	43	10	Id.	8	790	1365	9800	350
[illegible]	»	—5 + 12	360	»	»	»	»	»	150	60	Id.	2	850	5500	10300	606
[illegible]	2700	—8 + 20	360	»	»	»	»	»	216	137	noire	»	700	5394	»	506

Canon. — Le tube, en acier spécial, porte un écrou de culasse et se trouve renforcé sur toute sa longueur par un manchon et des frettes. Deux nervures n, pénétrant dans des entailles du berceau, servent au guidage du canon pendant le recul. Les tiges du piston et du récupérateur sont reliées à l'écrou de culasse par des attaches élastiques.

Berceau. — Le berceau sert de coulisse au canon ; il porte les tourillons et les glissières pour les nervures n. A sa partie inférieure se trouvent trois cylindres : à gauche, le frein hydraulique F ; à droite, le récupérateur R ([1]) ; au milieu, le réservoir d'air A (fig. *b*).

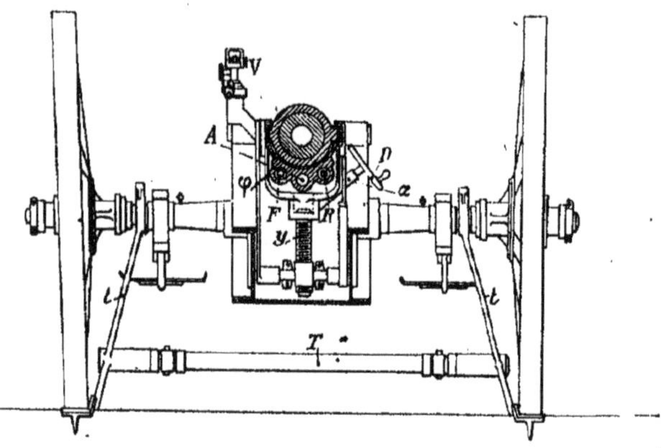

Fig. *b*.

Au départ, le recul est régularisé par le frein qui est à résistance constante et dont le liquide, au repos, n'est pas sous pression par suite de l'indépendance des cylindres F et R. En même temps que fonctionne le frein, l'air (comprimé à 12 kg par centimètre carré) qui est contenu

---

([1]) On transforme aisément le récupérateur à air en récupérateur à ressorts.

dans le récupérateur R est chassé dans le réservoir A. C'est cet air qui, en se détendant, produit ensuite le retour automatique en batterie.

Affût proprement dit. — Il est constitué par une poutre métallique munie à l'arrière d'une bêche amovible en acier forgé. Pour la route, cette bêche est disposée sur la crosse, comme l'indiquent les figures 1 et 2. Elle est mise en place au moment du tir ; cependant lorsque le terrain est très dur, on ne s'en sert pas et un éperon x, de faible longueur, fixé à demeure, joue le même rôle.

L'avant de l'affût porte, à sa partie supérieure, les sous-bandes et, en son milieu, un manchon cylindrique glissant à frottement doux sur l'essieu.

Deux sièges, montés à droite et à gauche, servent au servant de culasse et au pointeur.

Appareil d'ancrage de tir. Frein de route. — Deux sabots en acier présentant un rebord légèrement incliné vers le dedans et un éperon inférieur, sont reliés à l'essieu par des tiges t qui pivotent autour de ce dernier tout en permettant un écart plus ou moins grand entre le patin et le bandage. Les deux tiges sont réunies par une traverse T reliée à un balancier β, placé sous la flèche, par l'intermédiaire de deux tirants τ.

Quand la pièce est en batterie, elle repose sur les sabots et, en cas de soulèvement, elle ne peut éprouver que de faibles déplacements latéraux.

Pour la route, la traverse est relevée, engagée dans la lunette λ, et les sabots peuvent être appliqués plus ou moins fortement contre le cercle en fer de la roue lorsqu'on agit sur la manette μ.

Système de pointage. — Nous assistons depuis quelque temps à l'éclosion d'un grand nombre de matériels de campagne. Les perfectionnements ont porté surtout sur la stabilité de l'affût ; mais les appareils de pointage sont restés longtemps relativement rudimentaires et leur imperfection est une cause habituelle de lenteur dans le tir.

En effet, dans un réglage à la hausse, le pointeur, au moment où sa pièce est prête, se voit obligé, à chaque instant, de changer la distance pour recommencer ses opérations. Celles-ci sont faites hâtivement, et la fréquence

Fig. c. — Canon de campagne de 75ᵐᵐ, Schneider-Canet, modèle 1898-1900.

de ces variations non seulement produit des irrégularités dans la visée, mais encore fatigue le servant, surtout dans le cas d'un objectif mobile.

Il était donc de toute nécessité de réaliser un système de pointage tel qu'on pût facilement :

1º Corriger un petit écart en direction sans déranger la crosse (¹) ;

2º Changer à volonté l'inclinaison du canon tout en conservant la ligne de mire constamment dirigée sur le but, même si celui-ci se déplace ;

3º Pointer et repérer sur un point quelconque.

Voyons comment le système Schneider-Canet résout le problème ainsi posé :

Pointage en direction. — On dégrossit d'abord le pointage en déplaçant la crosse et on le termine en agissant sur le volant de gauche G, qui transmet, par engrenages, son mouvement à une vis sans fin, laquelle est en prise avec une crémaillère à denture héliçoïdale fixée à l'essieu. Le manchon d'affût, doublé intérieurement de métal anti-friction, coulisse sur l'essieu et la pièce pivote autour de sa crosse.

L'amplitude du déplacement correspond à un angle de 2º3o' de chaque côté du plan de symétrie de l'affût.

Pointage en hauteur. — Le mécanisme de pointage en hauteur est constitué essentiellement par un secteur denté δ (fig. *d*) placé entre les flasques de l'affût. Ce secteur est articulé, d'une part, avec la partie inférieure du support S de l'appareil de visée V et, d'autre part, avec le berceau par l'intermédiaire d'un écrou à tourillons x, d'une vis y et d'une fourche φ (fig. *b*).

En agissant sur la manivelle m, on produit, par l'intermédiaire d'une transmission à vis sans fin, la rotation de la roue ρ et du secteur δ. On entraîne donc à la fois le canon et la ligne de mire.

D'un autre côté, la fourche, qui est articulée avec le berceau, porte un arbre α, commandant par un engrenage d'angles la vis y. En faisant tourner le volant D, calé sur l'arbre α, on fait donc en même temps tourner

---

(¹) Ce premier perfectionnement est, depuis quelques années, réalisé dans un certain nombre de matériels.

la vis y qui, montant ou descendant dans l'écrou x, en-traîne le berceau sans faire bouger la ligne de mire, le

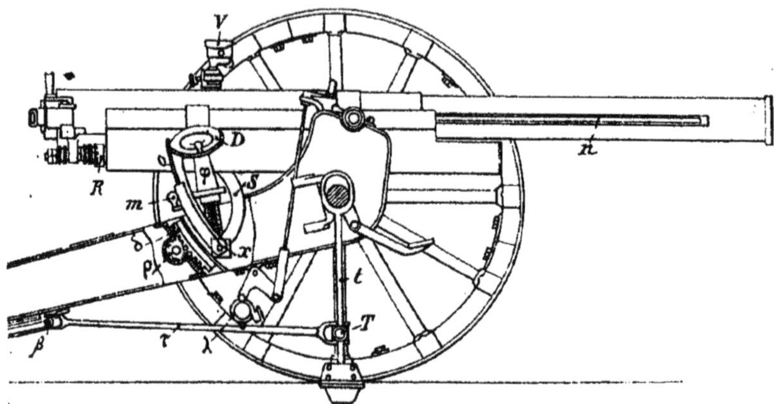

Fig. *d.*

secteur δ et la partie inférieure du support S étant restés immobiles. Dans ce mouvement, en effet, le support de visée S, qui présente une rainure circulaire centrée sur l'axe des tourillons, glisse sur une nervure de même forme portée par le berceau (fig. *e*).

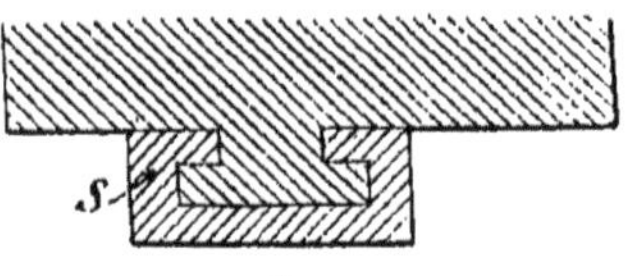

Fig. *e.*

La droite du berceau porte un arc gradué o qui s'en-gage plus ou moins suivant l'angle de tir dans une glis-sière circulaire reliée au secteur. La tranche supérieure de cette glissière constitue un repère en face duquel le servant de culasse doit, au moyen du volant D, amener la division correspondant à la portée indiquée.

Le pointeur n'a donc d'autre préoccupation que de faire passer sa ligne de mire par le but.

Appareil de visée proprement dit (fig. *f*). — Il est formé par un collimateur, un goniomètre et un niveau montés sur un support spécial, le tout aussi facile à mettre en place qu'une hausse et avec des organes bien protégés.

Le collimateur C donne l'image d'une croix blanche, image que le pointeur doit amener sur le but : à cet effet, ayant l'œil à 30 centimètres environ de la fenêtre postérieure de l'appareil, il amène d'abord, au moyen du volant G, la branche verticale de la croix devant le but, puis ensuite la branche horizontale en agissant sur la manivelle m du secteur δ.

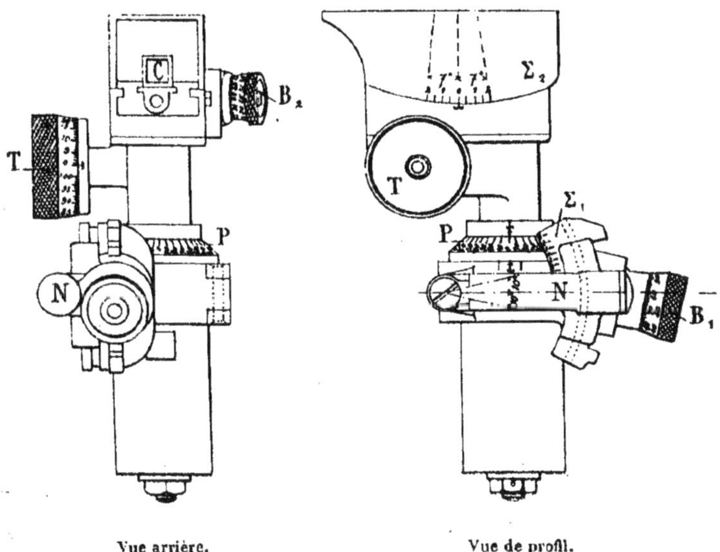

Vue arrière.   Vue de profil.

Fig. *f*. — Appareil de visée.

L'angle de site est donné au moyen d'un niveau à bulle d'air N qu'on amène dans la position convenable indiquée sur le secteur Σ_1 en agissant sur le bouton moletté B_1.

Lorsque, dans le cas d'une grande différence de niveau, la graduation Σ_1 devient insuffisante, on déplace légèrement le collimateur, mobile autour d'un axe parallèle à celui des tourillons, en se servant du bouton moletté B_2. La correction complémentaire est indiquée sur la graduation Σ_2.

Le pointeur élimine les petites erreurs de site provenant de l'enfoncement de la pièce en ramenant constamment la bulle d'air du niveau N entre ses repères.

Ce niveau peut aussi servir à la mesure de l'inclinaison des tourillons. A cet effet, il est monté sur un collier mobile qu'il suffit de faire tourner de 90°.

Le viseur est disposé sur une colonne tournant dans un plateau goniométrique P dont chaque quadrant est divisé en 100 parties. Un tambour T permet, par un déplacement complémentaire de la colonne, de donner une direction azimutale exprimée en millièmes de quadrant.

Il résulte de cet ensemble de dispositions que le service de la pièce est très simplifié.

Le pointeur n'a qu'à faire les corrections de dérive, à maintenir la bulle du niveau entre ses repères et à diriger la ligne de mire sur le but.

Il met le feu ; mais cette attribution pourrait être aussi bien confiée au servant de culasse qui donne la distance, indépendamment des opérations du pointeur, et procède à la charge.

Munitions. — Toujours dans le même but d'augmenter la rapidité du tir, les projectiles sont réunis à des gargousses métalliques, chargées en poudre sans fumée.

Les figures 4 à 9 montrent la forme et l'organisation des cartouches, ainsi que leur disposition dans les coffres.

Fusées. — Les fusées à temps sont du type *à cadran*

avec deux plateaux, l'un fixe F, l'autre M mobile et portant une graduation (fig. 6).

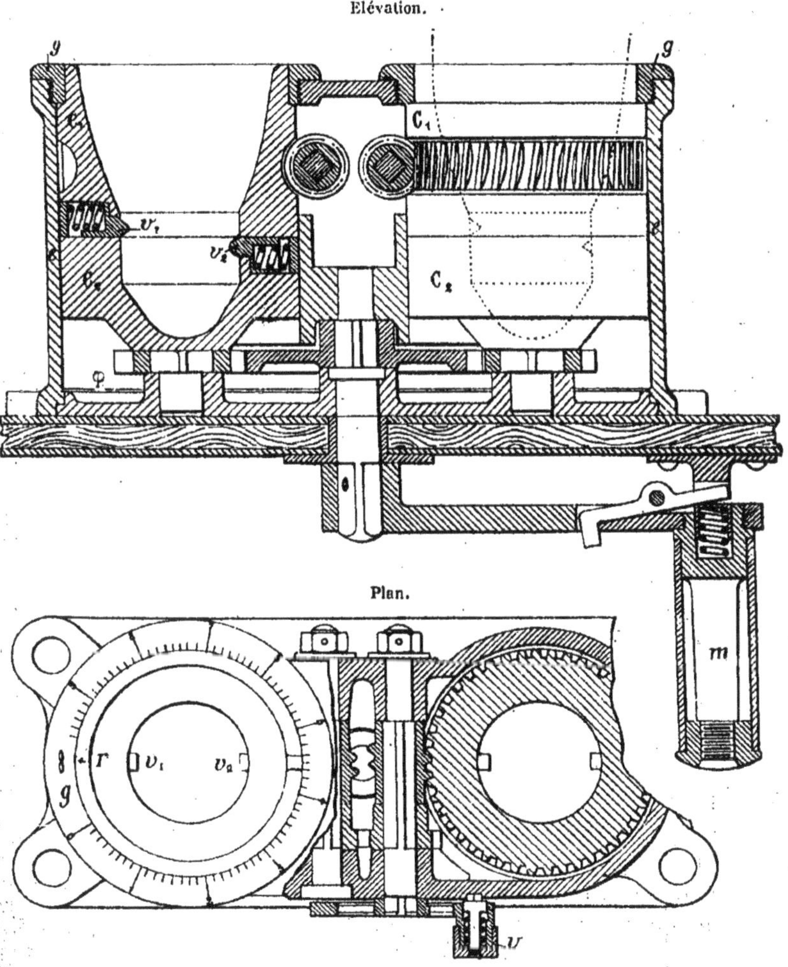

Fig. *g.* — Régloir double.

La durée de combustion est réglée automatiquement à

l'aide d'un appareil spécial R ([1]), placé habituellement sur la porte des coffres à munitions (fig. 9 et *h*).

Pour assurer le service avec un nombre aussi restreint que possible de ces instruments, le mode de fixation adopté en permet le transfert facile d'une voiture à l'autre.

Régloir mécanique double. — Chacune des enveloppes cylindriques *e* contient deux couronnes C_1 et C_2 munies de petits verrous v_1, v_2 et comprises entre un fond φ et un chapeau gradué *g*.

Ces deux couronnes sont taillées intérieurement à la demande de l'ogive du projectile coiffé de sa fusée. Elles peuvent tourner autour de leur axe, l'une quand on agit sur le volant *v*, l'autre quand on fait tourner la manivelle *m* ([2]). De plus, les transmissions sont telles que les déplacements angulaires ont la même amplitude dans les parties droite et gauche de l'appareil (fig. *g*).

Nous pouvons ainsi régler simultanément la durée de combustion pour deux projectiles placés verticalement la pointe en bas dans le régloir.

Agissons sur le volant *v* de façon à amener les repères *r* des couronnes C_1 en face de la division indiquée des chapeaux *g* ; les verrous v_1 et v_2 prennent l'écartement angulaire convenable et *peuvent* tomber dans les encoches correspondantes ε_1 et ε_2 de la fusée (fig. 6). Faisons enfin exécuter un tour à la manivelle *m* ; les verrous seront engagés dans leurs logements après cette rotation et les plateaux mobiles M auront tourné sur eux-mêmes de l'angle voulu ; les deux fusées seront réglées d'une façon identique.

Il est à remarquer qu'on peut, au dernier moment, modifier la durée au moyen du volant *v*.

([1]) Pour la route, l'appareil se loge en R' (fig. *h*).
([2]) On comprend facilement, à l'inspection de la figure *g*, comment fonctionnent les transmissions.

Voitures. — *Avant-train de pièce ou de caisson.* — Le châssis est en tôlerie ; les fusées d'essieu sont les mêmes que celles de la pièce et, cela va sans dire, toutes les roues sont interchangeables.

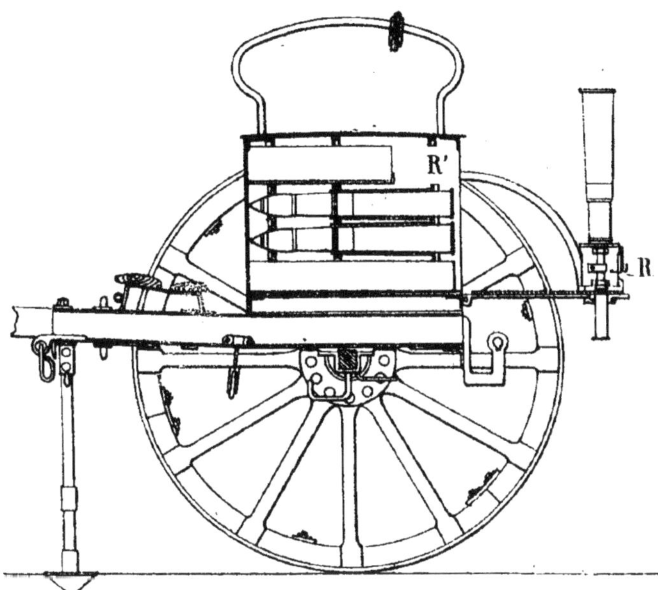

Fig. h. — Avant-train.

Le coffre, en tôle d'acier et garni de bois intérieurement, s'ouvre par l'arrière et contient deux boîtes d'outils et 38 cartouches logées horizontalement dans des alvéoles.

Lorsque la porte est fermée, les projectiles sont pressés dans leurs logements et ne peuvent ballotter pendant la marche.

Trois servants prennent place sur le coffre qui porte en outre une pelle, une pioche et la pompe de récupérateur.

La servante, qui est fixée sur le côté, est munie d'une

ferrure d'ancrage. Cette disposition a pour but d'empêcher l'avant-train de tourner sur lui-même lorsqu'on se sert du régloir double (fig. 9).

Arrière-train de caisson. — Le châssis, également en tôlerie légère, porte une cheville ouvrière et un frein à patins.

Le coffre, de construction analogue à celui de l'avant-train, contient 55 cartouches et porte un timon de rechange. Il peut recevoir trois servants.

MATÉRIEL DE MONTAGNE DE 75ᵐᵐ MOD. 1898 (fig. *i*)

Les dispositions générales sont les mêmes que pour la pièce de campagne, sauf en ce qui concerne le pointage (qui se fait à la hausse). De plus, on a cherché à obtenir des éléments, transportables à dos de mulet, pouvant s'assembler ou se démonter avec facilité. La flèche est formée de deux parties qui s'assemblent au moyen d'agrafes chevillées.

ARTILLERIE LOURDE

OBUSIERS DE CAMPAGNE

(PL. II, FIG. 10 à 18)

Nous indiquerons seulement les principales particularités de ces obusiers dont les dispositions générales sont les mêmes que celles du matériel de 75ᵐᵐ, modèle 1898-1900, mais qui réalisent en outre l'*indépendance du pointage et du chargement.*

Trois modèles différents ont été établis pour les calibres de 105, 120 et 150 ᵐᵐ (¹).

Bouche à feu et berceau. — Destiné surtout à tirer des projectiles explosifs, l'obusier est construit en acier spécial qui se déformerait sans se briser dans le cas d'un éclatement dans l'âme.

---

(1) La planche II se rapporte spécialement à l'obusier de 120ᵐᵐ.

Fig. 1. — Canon de montagne Schneider-Canet de 75^{mm}, mod. 1898.

Le cylindre de frein est à gauche. A droite se trouve le récupérateur (¹) formé de deux cylindres concentriques. Le réservoir d'air est constitué par l'espace annulaire.

Affût. — La bêche de crosse est articulée autour de l'axe et peut se relever sur la flèche en enlevant la goupille g (fig. 10 et 11).

Des leviers verticaux et des marchepieds servent au transport de deux hommes.

Il n'y a pas d'appareil d'ancrage de tir et, pour les routes, on fait usage d'un frein à patins.

Appareil de pointage en hauteur. — Un arc denté, fixé au berceau, est en prise avec un pignon monté sur le même arbre qu'une roue à denture hélicoïdale h. Celle-ci est menée par une vis sans fin v commandée directement par un volant H.

Support de pointage. — Les obusiers emploient (²) un appareil de visée identique à celui du canon de campagne, mais avec un support différent. Le goniomètre est monté sur une pièce Σ, folle sur le tourillon gauche, et portant un vernier V et une vis y engagée dans l'écrou ε.

Un secteur S calé sur le tourillon gauche présente sur sa tranche s une graduation en portée (fig. k).

Procédés de pointage. — 1° Dans le *pointage direct sur but fixe*, la pièce Σ est d'abord rendue solidaire de l'affût par le doigt d, dont la tête s'engage dans un logement *ad hoc* ménagé dans l'écrou ε, qui est ainsi immobilisé ; puis on agit sur la vis y au moyen du bouton b pour diriger la ligne de visée sur le but ; le zéro du vernier est

---

(1) L'air du récupérateur reçoit une compression initiale de 12 kg.

(2) Le pointage peut aussi se faire au moyen de la hausse Korrodi dont la description est donnée dans la *Revue d'artillerie*, t. 53, p. 467. Le guidon et la hausse sont montés sur un arbre longitudinal qui permet, à l'aide d'un niveau transversal, de maintenir la ligne de mire dans un plan vertical parallèle à celui qui contient l'axe de l'obusier.

Fig. 5. — Obusier de campagne de 105^{mm}.

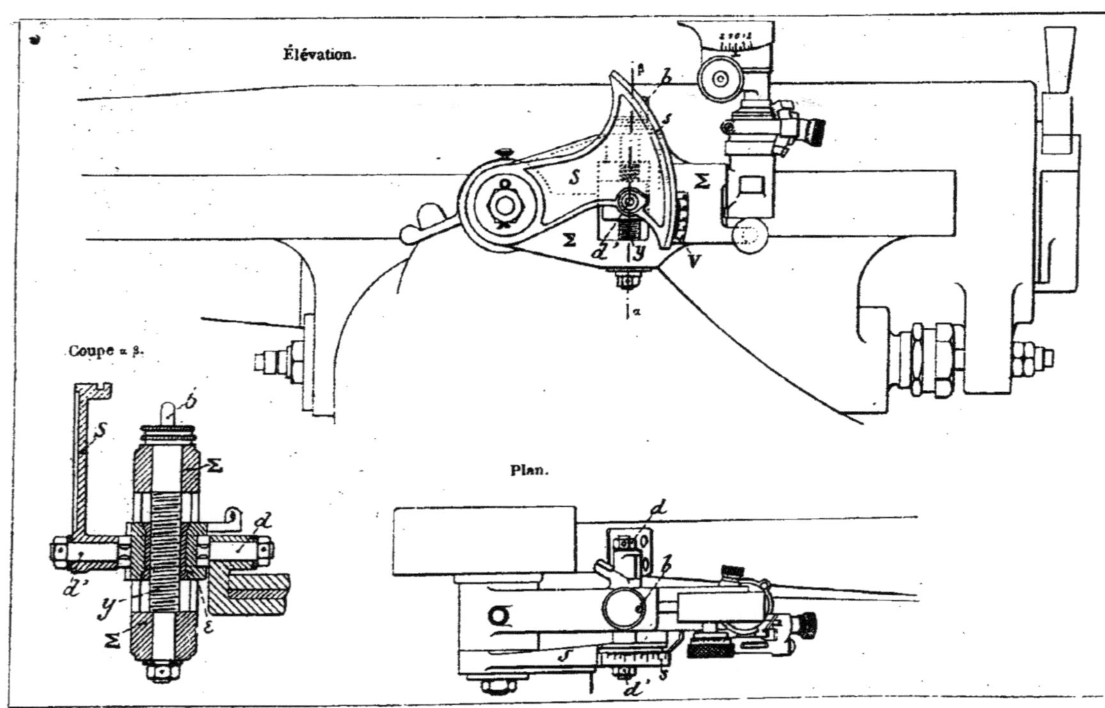

Fig. k. — Appareil de pointage des obusiers de campagne.

ainsi déplacé de la quantité correspondant à l'angle de site. Ceci fait, on n'a plus qu'à donner l'angle de tir par rapport à ce zéro, ce qu'on exécute en agissant sur le volant H. Quand on a ainsi amené en face du zéro la distance indiquée, le canon a pris l'angle convenable.

2° Dans le cas du tir à *pointage indirect,* on donne à la ligne de mire l'inclinaison convenable avec la vis y et on termine l'opération comme précédemment.

3° Au contraire, dans le *tir sur but mobile,* le secteur Σ, au lieu d'être lié à l'affût, est au moyen du doigt d' rendu solidaire de S, c'est-à-dire du canon. On amène la division correspondant à la distance en face du zéro du vernier en agissant sur b, et on suit le but comme avec une hausse ordinaire.

Appareil de chargement rapide. — Pour réduire au minimum la perte de temps qu'entraîne le chargement dans le tir sous les grands angles, une poignée de manœuvre (¹), placée entre le récupérateur et le frein, permet d'amener rapidement l'obusier de la position de tir à la position horizontale ou inversement.

Au préalable, il faut débrayer la roue h de la vis v, en faisant basculer l'arbre de cette dernière autour de l'axe ω.

Deux petites encoches, ménagées dans le support σ, servent à maintenir, au moyen d'un ergot à ressort, cet arbre dans l'une ou l'autre position.

Réglage des fusées. — Les fusées sont analogues à celles du canon de campagne et la durée est réglée mécaniquement au moyen d'un *régloir simple* (²), construit d'après le même principe que l'appareil double décrit précédemment (fig. 16, 17 et 18).

Les deux verrous v_1 et v_2 sont placés à la distance an-

----

(1) Cette poignée consiste en un levier à coulisse qui rentre dans le berceau pour la route.

(2) Le régloir simple peut être disposé sur la porte des coffres ou bien, comme il est très léger, on vient en coiffer la tête des projectiles.

Fig. 1. — Obusier de campagne de 120^{mm}.

Fig. *m.* — Obusier de campagne de 15^{cm}.

gulaire convenable par la rotation de la couronne C_1. Cette opération se fait en agissant sur le bouton moletté B, dont le mouvement commande le plateau π portant en relief un colimaçon qui est en prise avec une denture circulaire k — ou plus rapidement, en débrayant (¹) cet engrenage *en spirale* pour amener à la main, au moyen du téton t, le repère r en face de la division voulue.

L'appareil, ainsi préparé, reçoit la pointe du projectile. Il suffit de faire tourner la couronne C_2 de deux tours au plus, pour que la fusée soit réglée à la durée convenable. Cette rotation autour de l'axe xy est produite au moyen de la manivelle M (²).

Pour faire une modification de durée, on se sert du bouton B', qui permet de déplacer le repère r' devant le correcteur K et de fixer la couronne C_1.

Munitions. — Les obusiers tirent un shrapnel, un obus ordinaire et un obus explosif (fig. 13, 14 et 15) à douille séparée (fig. 12), amorcée avec l'étoupille de 9^{mm} des canons de campagne (fig. 8). Les fusées sont celles représentées par les figures 25 et 26 de la planche III.

CANON DE POSITION DE 105^{mm} ET CANON DE SIÈGE DE 120^{mm}

(PL. III, FIG. 19 à 27)

Conçues d'après les mêmes principes que le canon de 75^{mm} mod. 1898-1900 et les obusiers de campagne, ces bouches à feu présentent les mêmes dispositions générales. Nous nous contenterons en conséquence de signa-

---

(1) Par une traction sur l'anneau A.
(2) La manivelle M est bloquée par le bec du loquet λ qui pénètre dans une encoche pratiquée dans l'enveloppe e. Dès lors, pour faire tourner la couronne C_2, il faut d'abord abaisser légèrement la manivelle, qui peut pivoter autour de l'axe o (fig. 17, position pointillée). A la fin de chaque tour, le ressort ρ, agissant au-dessus du point d'articulation o' du loquet, fait remonter ce dernier qui arrête la rotation.

ler les principales différences qui existent entre ces canons et l'obusier de 120^{mm}.

L'immobilité de l'affût est obtenue, en dépit de la percussion du tir, par l'emploi d'un madrier contre lequel la bêche vient prendre appui. La mise en batterie est ainsi réduite à l'installation de ce madrier de crosse et, au besoin, de madriers sous les roues. On comprend l'avantage d'un tel système qui supprime la construction longue et difficile d'une plate-forme.

Il fallait aussi adopter un dispositif qui permît de passer avec rapidité, et sans agrès, de la position de tir à la position de route. A cet effet, on enlève l'écrou d'attache de la tige du piston du *récupérateur* et on conduit à bras l'écrou de culasse sur le support qui lui est réservé (fig. 22). L'opération inverse est aussi simple.

Les récupérateurs sont chargés à 25 kg.

Système de pointage.

Pointage en direction. — Comme dans les pièces précédentes, l'affût peut coulisser sur l'essieu ; ce mouvement est facilité d'ailleurs par la présence de deux galets.

Pointage en hauteur. — Le mécanisme de pointage en hauteur est analogue à celui de notre canon réglementaire de 95^{mm} sur affût de campagne, mais avec transmission sur le côté (volant G).

L'appareil de visée proprement dit comprend une lunette micrométrique L, un collimateur K monté à côté de la lunette et mobile autour de l'axe α et un goniomètre γ. L'appareil est porté par un grand secteur Σ, fou sur le tourillon gauche et guidé par le support du volant G.

Un petit volant Γ permet le déplacement de Σ par l'intermédiaire d'un engrenage en spirale et d'une crémaillère k.

Fig. n. — Canon de position de 105ᵐᵐ (Norvège).

Les volants G et Γ sont portés par un même support qui fait partie de l'affût.

Un vernier V, placé à l'extrémité d'un bras fixé sur le berceau, se déplace devant une graduation (en millièmes) du secteur Σ.

1° Pour *pointer directement,* il suffit de diriger l'axe optique de la lunette sur l'objectif au moyen du volant Γ et d'amener ensuite, avec le volant G, le zéro du vernier en face de la division correspondant à la distance.

2° Pour faire du tir *à pointage indirect,* on déplace d'abord le secteur de façon à amener entre ses repères la bulle du niveau N, préalablement réglé de façon à corriger l'angle de site ; puis, avec le volant de pointage G, on fait marquer au zéro du vernier la division indiquée.

3° Enfin, pour faire le *pointage sur but mobile,* on débraie l'engrenage en spirale et, à l'aide de la manette *m,* on rend le secteur Σ solidaire du vernier V, c'est-à-dire du canon, le zéro du vernier se trouvant en face de la division correspondant à la distance ; on exécute ainsi du pointage direct à la hausse.

4° Pour repérer la pièce sur un point situé à une altitude différente, on se sert du collimateur *k'.*

Munitions.

Le canon de 120^{mm} tire les mêmes projectiles que l'obusier de même calibre. La douille est différente (fig. 21 et 27).

ARTILLERIE DE PLACE

COUPOLE A ÉCLIPSE POUR CANON DE 57^{mm} A TIR RAPIDE

(PL. IV, FIG. 28 à 36)

Avant-Cuirasse.

L'avant-cuirasse est formée de trois voussoirs ([1]) en fonte durcie, renforcés à l'endroit des joints par des semelles qui reposent sur des plaques en acier moulé. Les trois segments sont assemblés au moyen de clefs et les joints sont remplis de plomb coulé.

Coupole proprement dite.

Cuirassement. — Le cuirassement mobile ([2]) en acier-nickel, formé d'un cylindre recouvert d'une calotte, est soutenu par le corps de coupole.

L'embrasure du canon et l'échancrure de visée présentent des dimensions aussi réduites que possible.

Au sommet, une ouverture, obturée en temps ordinaire par un bouchon en bronze qu'on met en place de l'intérieur, facilite l'évacuation de la fumée pendant le tir et permet l'observation du tir au moyen d'une lunette à réflexion.

A l'arrière et sur les côtés se trouvent trois petites ouvertures pour la surveillance du terrain.

Une tôle annulaire, appuyée sur le pourtour du cuirassement, empêche les eaux pluviales de pénétrer dans les substructions.

Corps de coupole. — Le corps de coupole se compose d'une chemise C en tôlerie épousant la forme intérieure du cuirassement et de deux flasques F en tôles et cor-

---

([1]) Épaisseur du voussoir. { Partie supérieure. . . . . . . 28 cm. / — inférieure . . . . 20 —

([2]) Les épaisseurs de la partie cylindrique et de la calotte sont respectivement 8 et 10 cm.

nières dont la partie supérieure sert de chemin de roulement à l'affût.

Cette charpente se termine à la partie inférieure par un socle Σ, en acier moulé, dans lequel est encastré le pivot P. Celui-ci tourne sur un grain G en bronze.

La chemise en tôlerie C porte extérieurement une bague en bronze b qui glisse à l'intérieur d'une cuve de centrage U en acier moulé, scellée dans la maçonnerie.

Affût. — L'affût A est formé par un support en acier moulé, dont la semelle s'engage dans des rainures fixes qui s'opposent au soulèvement.

Le recul est réduit à 10 centimètres environ, par un frein hydraulique et un récupérateur à ressort. La tige du piston du frein est fixée à la tôlerie sous l'embrasure et la liaison peut être rapidement rompue.

Pour faciliter le retour en batterie, l'affût porte de chaque côté deux galets γ_1, γ_2, roulant dans les chemins que présentent les poutres.

Les déplacements de l'affût s'effectuent de la plate-forme inférieure au moyen d'une chaîne pendante à barbotin H et d'un pignon droit h, qui engrène avec une crémaillère r fixée sous l'affût.

Mécanisme de pointage en hauteur. — L'inclinaison est donnée au canon au moyen du volant gauche G. Ce volant actionne, par l'intermédiaire d'une roue héliçoïdale, d'une vis sans fin et d'un pignon droit, une crémaillère verticale, laquelle fait pivoter la règle ρ autour de l'axe α. Un bras β, fixé au tonnerre et s'emboîtant dans la tranche de la règle ρ, transmet le mouvement d'élévation ou d'abaissement au canon. Cette disposition permet de donner au pointeur la place nécessaire. Le mécanisme comporte en outre un embrayage à friction pour éviter les chocs sur les divers organes.

Les angles sont marqués sur un secteur fixe, gradué en degrés par une aiguille entraînée avec le canon.

Mécanisme de pointage en direction. — On peut faire

effectuer une révolution complète à la coupole en agissant sur le volant de droite D, qui, par l'intermédiaire d'une vis sans fin et d'une roue hélicoïdale, actionne un pignon droit I engrenant avec la couronne dentée fixe Δ.

Pour assurer la fixité de la coupole et éviter aux mécanismes les chocs trop violents qui pourraient résulter de l'arrivée d'un projectile frappant le cuirassement ou la volée du canon et tendant à faire tourner l'ensemble, le mécanisme comprend un embrayage élastique.

Le repérage en direction se fait au moyen d'une couronne graduée fixe ([1]) en laiton δ, divisée en dixièmes de degré et d'une aiguille *a* entraînée par la coupole de façon à indiquer à chaque instant la position azimutale.

Appareils de sécurité. — La coupole comporte tous les appareils nécessaires pour en assurer le service en toute sécurité et pour éviter les fausses manœuvres.

Il est impossible d'ouvrir ou de fermer la culasse si le canon n'est pas rentré en batterie et si la tige du piston de frein n'est pas reliée au corps de coupole.

L'embrasure, de dimensions très réduites, ne permettant pas la rentrée complète de la volée du canon à l'intérieur de la coupole lorsque l'inclinaison de la pièce dépasse + 3°, un appareil très simple, porté par l'affût, empêche, dans ce cas, de déclancher la tige de piston.

D'autre part, l'éclipse de la coupole n'a lieu que si le canon est rentré dans l'embrasure, car lorsque la pièce est en batterie, un loquet déborde au-dessus de la cuve de centrage U et s'oppose à la descente.

Ce loquet n'est dégagé par l'affût qu'au moment où celui-ci est ramené complètement en arrière.

Autres organes. — Une étagère ε disposée entre les

([1]) La circulaire δ prend appui sur de petits galets *g* disposés sur le pourtour du cuirassement. Elle tendrait à être entraînée avec ce dernier, si elle n'était en prise avec un pignon I' de même rayon que I et monté sur le même arbre ; dispositif qui a pour effet, si la tourelle tourne d'un certain angle, de faire tourner la circulaire δ du même angle en sens contraire.

flasques devant le pointeur, et bien à sa portée, reçoit les cartouches (¹). D'autres étagères, portant chacune deux rangs de cartouches, peuvent être établies contre les parois verticales du puits.

Une tubulure à embouchure, évasée, placée à gauche, sert à l'évacuation des douilles vides qui tombent dans des sacs en toile x.

Un ventilateur à bras V aspire la fumée au-dessus du canon pour la refouler dans la galerie d'avant-cuirasse.

En cas d'avarie, on procède avec facilité au changement du canon, au moyen d'un petit treuil à bras démontable, de deux câbles en acier, et de deux poulies de renvoi qui se fixent au plafond de la calotte.

Mouvements verticaux de la tourelle.

Appareil d'éclipse. — La colonne O, sur laquelle repose la coupole, est guidée par la crapaudine K et portée par une chaîne Galle Γ qui s'enroule sur un excentrique E ; le contrepoids π est porté par 2 chaînes Galle Γ'' qui s'enroulent sur des excentriques E' semblables comme forme à E, mais calés en sens inverse sur le même axe.

Le système possède trois positions bien caractérisées : *éclipse, équilibre, en batterie.*

Le système est construit de façon telle qu'il est en équilibre dans la *situation moyenne* entre la *position de tir* (fig. 30) et la *position d'éclipse* (fig. 28), qui marquent les limites extrêmes de la course verticale.

Supposons la coupole éclipsée et maintenue dans cette position par des verrous, si elle devient libre subitement du fait du déclanchement de ces verrous, elle se mettra d'elle-même en mouvement sous l'action de la prépondérance du contrepoids et dépassera sa position d'équilibre. Théoriquement, la coupole devrait arriver en batterie

---

(1) Les projectiles sont représentés par les figures 32 à 35.

avec une vitesse nulle, et s'il n'y avait pas de frottements, le système tendrait, étant laissé libre, à revenir sur ses pas et à exécuter une série d'oscillations.

En réalité, il n'en est pas ainsi à cause des résistances passives qui diminuent l'amplitude du mouvement ; il faut donc à chaque manœuvre appliquer au système un travail supplémentaire égal à celui des frottements pour lui permettre d'atteindre ses positions extrêmes.

C'est là le but du treuil de lancement L.

Treuil de lancement. — Un train d'engrenages actionne, au moyen d'un arbre coudé, une bielle B formant crémaillère, laquelle est en prise avec un pignon solidaire de l'arbre des excentriques E et E'. Les dimensions de l'arbre coudé sont telles, que pour une course complète de la coupole, la bielle dépasse légèrement ses points morts supérieur et inférieur et le renfort ρ' vient buter contre des blocs de bois b_1 et b_2. Comme à chaque fin de course, la prépondérance de la coupole ou du contre-poids tend à faire continuer le mouvement de rotation de cet arbre, le système tout entier se trouve immobilisé ; il suffit ensuite de faire franchir ces points morts en agissant sur la manivelle du treuil pour que tout le système se mette de lui-même en mouvement et reçoive, de plus, la force vive supplémentaire dont il a besoin pour aller jusqu'au bout de sa course.

Service de la coupole.

Le service de la coupole n'exige que deux hommes :
Un pointeur servant de pièce et un pourvoyeur.

Le pointeur, assis sur la tablette τ ou debout sur τ', est chargé de la mise en batterie de l'affût, de l'enclanchement de la tige de frein et du service proprement dit de la pièce. — Le pourvoyeur manœuvre le treuil de lancement, s'occupe de l'approvisionnement de l'étagère à munitions, de l'évacuation des douilles vides et du fonctionnement du ventilateur.

Ces deux hommes suffisent pour le démontage ou le changement du canon et de l'affût.

ARTILLERIE SUR AFFUT-TRUC

(PL. V, FIG. 37 à 42)

On a cherché depuis longtemps à donner une grande mobilité aux pièces de moyen calibre en les installant sur des trucs susceptibles d'être déplacés rapidement d'un point à un autre point, d'une position de tir à un poste d'abri par exemple. Le problème, conçu dès 1883 par le général Peigné, alors chef d'escadron, a été très heureusement résolu pour l'affût par M. Canet, et pour les trucs de voie de $0^m,60$ (fig. 37) et de voie normale (fig. 38) par le général Peigné.

Un certain nombre de batteries de ce système ont été livrées aux puissances étrangères, à la Russie et au Danemark en particulier.

Pour assurer au tir une stabilité transversale et ménager la voie, on développe, dans le premier cas, des volets V portant des vérins v qui prennent appui sur des plateaux de calage p, tandis que quatre autres vérins v', traversant des manchons-écrous M, reposent sur de longs plateaux P ; dans le second cas, quatre *écrevisses* e viennent pincer les rails au-dessous du champignon.

Organisation générale de l'affût. — L'affût proprement dit A supporte la bouche à feu et glisse, au moment du tir, sur un *châssis à bascule mobile* C auquel il est relié par l'intermédiaire de deux freins hydrauliques latéraux à contre-tige. Le châssis tourne autour d'un axe horizontal H et s'appuie sur la tige d'un frein vertical.

Ce dernier et les deux colonnes de ressorts récupérateurs sont disposés dans un *corps à trois cylindres* XYZ logé entre les flasques du bâti.

Le *bâti* B, dont la base circulaire s'adapte dans une

Fig. 9. — Affût-truc Schneider-Canet-Peigné pour voie normale.

sellette fixe F par l'interposition d'une couronne de galets, supporte tout le système, qui peut tourner sur lui-même et prendre par suite une orientation déterminée.

Une forte agrafe, en prise avec une nervure de la sellette, empêche le soulèvement.

Pointage. — L'inclinaison est donnée à la pièce au moyen d'un volant W qui, par l'intermédiaire de pignons d'angle et d'une vis sans fin, transmet son mouvement de rotation à une roue ρ montée à friction sur le tourillon gauche. Une aiguille indique l'angle d'élévation sur un secteur gradué.

Le pointage en direction est dégrossi à l'aide des leviers g et g'. Pour le terminer et amener l'aiguille indicatrice en face de la division convenable, on fait usage de l'appareil de rectification solidaire du bâti (fig. 41 et 42). A cet effet, lorsque l'azimut est approximativement donné avec l'index x', on rabat le levier l calé sur l'excentrique z; les deux mâchoires i et j viennent alors pincer le rebord de la sellette et immobiliser le bâti; puis, on fait tourner dans le sens convenable la manivelle m, laquelle commande la vis y qui, pénétrant plus ou moins dans l'écrou e, permet de donner au système de petits déplacements.

Fonctionnement au moment du tir (fig. 40 et 41). — Le corps à trois cylindres XYZ tourillonne autour de l'axe K ; au départ du coup, le châssis s'abaisse en repoussant le piston du frein vers le fond de son cylindre Y. La glycérine passe à la partie supérieure du piston par les orifices pratiqués dans celui-ci et soulève la traverse T qui comprime les piles de ressorts Belleville des cylindres X et Z.

La percussion absorbée, les ressorts font remonter le châssis, et le canon, descendant le long du plan incliné, reprend sa position de tir. Pour éviter une action trop brusque, une rondelle q retombe sur le piston et laisse rentrer le liquide lentement par de petites rainures.

MATÉRIEL POUR LA DÉFENSE DES COTES

CANONS DE COTE

Les bouches à feu de côte étant analogues à celles en usage dans la marine, il suffira de se reporter à la description que nous donnerons plus loin de ces dernières.

POSTE A TERRE POUR TUBE-LANCE-TORPILLE

Ce poste est destiné à la défense avancée de l'entrée d'un port ou d'une rade dans laquelle des vaisseaux viendraient s'embosser pour un bombardement.

Lorsque les fonds de 8 m sont très voisins de la côte, ce qui arrive souvent dans les passes, on pourra ainsi remplacer économiquement les batteries de rupture.

Installation. — Le tube-lance-torpille est placé, dans une chambre bétonnée, au-dessous du niveau des plus basses mers. A l'arrière, se trouve un magasin à torpilles. Entre ces deux locaux débouche un puits que surmonte un observatoire cuirassé pour le pointeur.

L'ouverture pour le passage de la torpille est ménagée dans une plaque de cuirasse et obturée par un clapet, ce dernier étant au besoin verrouillé et pouvant s'ouvrir seulement lorsque la culasse est fermée.

Après le lancement, l'eau qui remplit le tube est épuisée et rejetée au moyen d'une pompe.

Particularités du tube-lance-torpille. — Il pivote autour d'une rotule d'embrasure et il est soutenu à hauteur variable par un chariot mobile sur une circulaire.

La torpille est lancée sous l'action d'un ressort r, comprimé lorsqu'on tire à l'arrière le levier l et maintenu en tension par les crochets c et c'.

Pointage et lancement. — Le pointeur est en communication acoustique avec les deux servants du tube et leur

Élévation

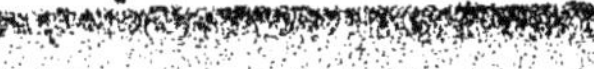

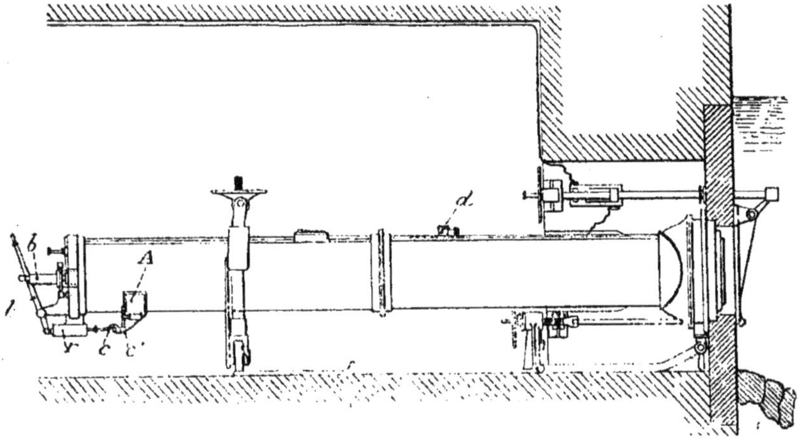

Vue de face du clapet.

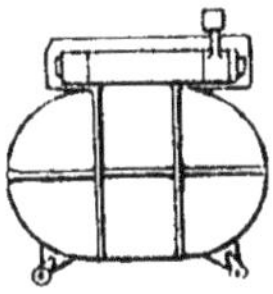

Plan.

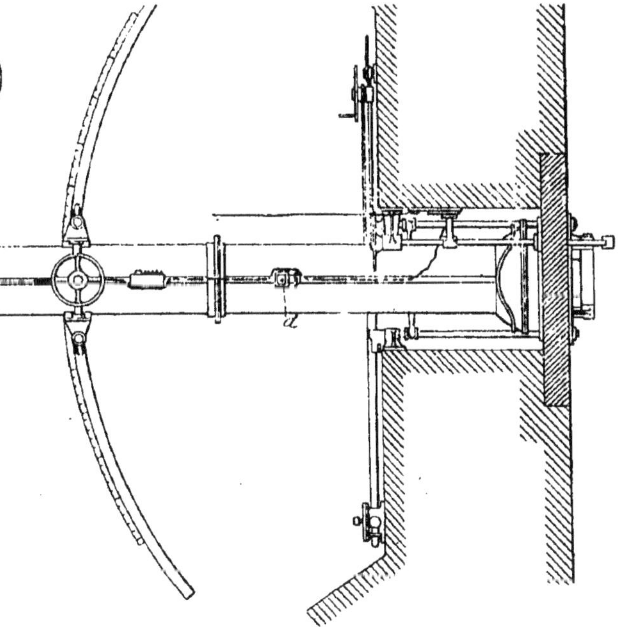

Fig. *p*. — Poste à terre pour tube-lance-torpille.

donne les indications de pointage. Il a sous la main un commutateur au moyen duquel il fait déclancher au moment voulu les crochets *c* et *c'* sous l'influence de l'électro-aimant A. Le levier *l* bascule et refoule le piston *b*, lequel pousse la torpille en avant d'environ 15 cm. Le levier de prise d'air est renversé par le doigt de mise en marche *d* et la torpille sort du tube sous l'action de son propulseur et de l'air d'échappement du moteur.

***

Nous indiquons ci-après, à titre de renseignements, le nombre et la nature des pièces livrées récemment par la maison Schneider et Cie à diverses puissances.

NATURE DU MATÉRIEL.	PUISSANCES.	NOMBRE.
Tourelle de 57^{mm}	Hollande.	6 tourelles.
	Roumanie.	126 —
Canons de montagne de 75^{mm}	Bulgarie.	3 batteries.
Canons de campagne de 75^{mm} mod. 95-98.	Transvaal.	2 —
Canons de campagne de 75^{mm} mod. 98 type puissant.	Norvège.	5 —
	Espagne.	6 —
Canons de campagne de 75^{mm} mod. 98 type léger	Mexique.	6 —
Canons de campagne de 75^{mm} mod. 98-1900.	Norvège.	1 —
Canons de position de 105	Norvège.	2 —
Canons de 120 à frein hydraulique	Serbie.	4 —
	Bulgarie.	6 —
Canon de siège de 155^{mm}.	Transvaal.	1 pièce.
Coupoles armées de deux canons de 15^{cm}	Roumanie.	14 tourelles. 28 pièces.
Obusiers de montagne de 90^{mm}	Japon.	2 pièces.
Obusiers de campagne de 120^{mm}	Serbie.	6 batteries.
Obusiers de 15^{cm}.	Bulgarie.	6 —
Obusiers de 15^{cm} sur affût-truc.	Danemark.	6 pièces.
	Russie.	6 —
Mortiers de campagne de 150^{mm}	Serbie.	2 batteries.
Canons de côte de 9^{cm} et de 12^{cm}	Japon.	62 pièces.
Canons de côte de 24^{cm}	Id.	29 —
Canons de côte de 27^{cm}	Id.	36 —
Canon de 27^{cm} sur affût à éclipse.	Id.	1 —

MATÉRIEL DE MARINE

La nécessité de satisfaire aux exigences toujours croissantes de la technique navale a été pour l'artillerie une source constante de perfectionnements.

C'est sur mer que la lutte du canon et de la cuirasse a atteint son maximum d'intensité. Il a fallu construire des pièces à grande puissance pour perforer les épaisses ceintures des navires, des obusiers pour crever les ponts blindés, des bouches à feu de moyen et de petit calibre pour attaquer les superstructures et atteindre le personnel. D'autre part, l'augmentation de la vitesse des navires a conduit à l'accroissement de la vitesse du tir; mais le tir rapide, devenu ainsi une nécessité, n'a pu être réalisé qu'après un remaniement presque complet de tous les éléments constitutifs de la bouche à feu.

Les grandes usines françaises, qui construisent le matériel d'artillerie navale et particulièrement les établissements Schneider et Cie, ont dû, par suite, satisfaire à un programme nouveau ; il ne s'agissait plus en effet d'améliorer une bouche à feu de calibre donné, mais bien de créer un système complet, présentant un caractère suffisant d'homogénéité et donnant en même temps satisfaction à tous les desiderata de la marine moderne.

CARACTÈRES GÉNÉRAUX

Bouches à feu. — Les bouches à feu de petit et de moyen calibre sont composées d'un tube en acier forgé, renforcé à sa partie postérieure par un manchon en acier forgé que l'on pose à chaud.

Le tube porte à l'arrière l'écrou de culasse et, sur sa surface antérieure, un léger ressaut pour l'agrafage du manchon.

La construction des bouches à feu de gros calibre est fondée sur les mêmes principes ; mais la volée est, dans la plupart des cas, renforcée par un frettage qui s'étend jusqu'à la bouche, et le tonnerre comprend, outre le manchonnage, un, deux ou trois rangs de frettes.

Les vitesses initiales à la bouche ont pu être portées, grâce aux nouvelles poudres, à une moyenne d'environ 800 mètres, exception faite, bien entendu, pour les pièces à tir courbe.

Fermetures de culasse. — Les systèmes de fermeture, que nous étudierons plus loin, non seulement sont de nature à se prêter au tir rapide, mais encore sont munis de dispositifs automatiques maintenant la culasse, tantôt à sa position de fermeture (sécurités contre les dévirages, les longs feux, les départs prématurés), tantôt à la position d'ouverture. Ce dernier dispositif est particulièrement nécessaire pour des canons de bord lorsque la mer est un peu forte.

Affûts (¹). — Ce sont surtout les dispositions adoptées

---

(1) Dans toutes les figures ou planches relatives au matériel de bord on a, autant que possible, employé constamment les mêmes lettres pour désigner les mêmes organes ; c'est ainsi que B désigne le berceau, F les freins, R les récupérateurs, H la manivelle de pointage en hauteur, D celle du pointage en direction, C le châssis, S la sellette.

pour les affûts qui ont permis d'augmenter notablement la rapidité du tir.

Pour tous les calibres indistinctement, on fait usage du système à berceau.

Le recul de la bouche à feu est limité par un frein hydraulique à résistance constante dont les dispositions intérieures sont les mêmes pour les moyens et petits calibres, et ne diffèrent que par des détails pour les autres affûts.

La régularisation de l'effort pendant toute la durée du recul permet de réduire à leur minimum la fatigue des diverses parties de l'affût et celle du pont auquel l'affût est fixé. Elle est réalisée au moyen d'une *contre-tige centrale* de profil convenable qui modifie, en chaque point de la course, la section d'écoulement du liquide ; ce dispositif permet d'obtenir un frein à effort constant dont on peut assurer le réglage avec une grande précision.

Le retour en batterie de la bouche à feu est produit par un récupérateur (à air ou à ressorts), le plus souvent indépendant du frein.

Du reste, l'emploi des récupérateurs à air se généralise de plus en plus, surtout pour les pièces de gros calibre. Les colonnes de ressorts, à moins de dispositions spéciales compliquées, doivent en effet avoir une course de compression égale à la longueur du recul et, si l'on ne veut pas leur donner une longueur et un poids exagérés, on est obligé de multiplier leur nombre et de faire travailler le métal à un taux élevé.

L'emploi de l'air, au contraire, permet de se contenter d'un organe unique, de poids acceptable et dans lequel la pression initiale peut être réglée de façon à ne pas trop différer de la pression finale, d'où une détente régulière et une rentrée en batterie sans à-coup.

Il est vrai que l'air comprimé nécessite l'emploi de pompes et de canalisations. Mais, à bord des navires, ce n'est pas un inconvénient que l'on puisse trouver bien sérieux, puisqu'on a déjà admis des organes de cette nature pour le chargement des torpilles.

L'indépendance du frein et du récupérateur permet de n'interrompre en aucun cas le service de la bouche à feu. Le frein étant organisé en effet de façon à *maintenir la pièce en batterie* sans le secours du récupérateur, en cas d'avarie de ce dernier, on peut continuer le feu en ramenant la pièce à sa position de tir à l'aide d'une pompe ([1]) qui fera passer le liquide de l'avant à l'arrière du piston du frein.

Appareils de pointage et de chargement. — Les perfectionnements ont porté aussi sur les mécanismes de pointage.

C'est ainsi qu'on a pu faire disparaître les duretés provenant des frottements, d'une part en équilibrant sensiblement les pièces sur leurs tourillons, lesquels reposent sur les châssis par l'intermédiaire de couronnes de rouleaux et, d'autre part, en faisant tourner la masse tout entière sur des couronnes de billes ou de galets, qui prennent appui sur une sellette fixée au pont.

Grâce à ce mode d'organisation et au soin avec lequel sont agencées les transmissions, un seul homme peut mouvoir sans effort exagéré des masses considérables.

En outre, les appareils de pointage et de visée ont été considérablement améliorés. Au lieu de rester fixés au canon et de reculer avec lui, ils ont été transportés sur le manchon et on a cherché de plus à les rendre à volonté indépendants des variations d'inclinaison de la bouche à feu.

Il restait enfin à obtenir un chargement rapide, même pour les plus gros calibres. Nous étudierons les solutions particulières qui ont été données à ce problème.

([1]) Cette pompe est celle qui sert en temps normal à mettre la pièce en batterie.

Système de protection. — En ce qui concerne la protection, on a été amené, suivant le cas, à adopter l'un des trois modes suivants :

Protection faible. — Simple masque de 150 mm au plus, comme pour les canons de 15^{cm} de la planche VI.

Protection complète. — Bouche à feu et pivot protégés par une cuirasse circulaire à l'épreuve des projectiles de rupture, comme dans la tourelle de 24^{cm}.

Protection moyenne. — Solution intermédiaire entre les deux précédentes, comme pour le canon de 20^{cm} à masque fermé (p. 69 et pl. VII).

Dans les bâtiments de guerre, on est souvent obligé de recourir au dernier procédé pour limiter le poids des constructions métalliques, tout en se procurant une garantie suffisante contre les projectiles de moyen calibre. Un examen sommaire du tableau des renseignements numériques montrera l'économie de poids fort appréciable qu'on réalise ainsi avec le canon de 20^{cm} semi-protégé, par rapport à la bouche à feu de 24^{cm} servie en tourelle-barbette.

Tels sont les principes généraux de l'organisation de l'artillerie de bord dont le tableau ci-après résume les principaux éléments. Nous nous proposons d'étudier chacune de ces pièces en insistant dans chaque cas particulier sur les détails les plus intéressants.

Toutefois, nous donnerons d'abord quelques indications relatives aux canons de débarquement qui ont une organisation se rapprochant tout à fait de celle des canons de campagne ou de montagne précédemment décrits.

TABLEAU.

DÉSIGNATIONS.	BOUCHES À FEU — Longueur en calibres.	BOUCHES À FEU — Poids. (kg)	AFFÛTS — Poids. (kg)	AFFÛTS — Longueur du recul. (mm)	AFFÛTS — Traction sur les freins. (t)	AFFÛTS — Percussion maximum sur le pont. (t)	AFFÛTS — Poids mobile au pointage latéral. (kg)	AFFÛTS — Poids mobile au pointage en hauteur. (kg)	AFFÛTS — Amplitude du pointage vertical (5).	MUNITIONS — Poids du projectile. (kg)	MUNITIONS — Poids de la charge. (kg)	MUNITIONS — Nature de la poudre.	DONNÉES BALISTIQUES — Nombre de coups par minute.	DONNÉES BALISTIQUES — Vitesse initiale. (m)	DONNÉES BALISTIQUES — Puissance vive à la bouche. (tm)	DONNÉES BALISTIQUES — Épaisseur de la plaque d'acier forgé traversée à la bouche. (mm)	DONNÉES BALISTIQUES — Portée maximum. (m)
Canon de 37mm. .	60	155	285	90	3	0,8	280	220	+ 15° — 15°	0,8	0,2	BM	22	800	26	98,2	5 300
— 47mm. .	60	270	420	110	5,7	1,5	495	400	+ 15° — 15°	1,5	0,52	BM	20	820	51	124	5 400
— 57mm. .	60	590	700	175	7,2	1,8	1 140	840	+ 15° — 10°	2,7	0,90	BM	18	850	98	160	6 800
— 65mm. .	50	550	700	175	11,6	3	1 100	800	+ 15° — 10°	4	1,10	BM	16	810	134	166	7 100
— 10cm. .	50	1 950	2 000	270	22.5	5,8	4 000	2 750	+ 15° — 10°	13	3,40	BM	12	800	424	247	10 500
— 12cm. .	48	3 135	3 750	270	22,7	6	6 000	4 650	+ 15° — 8°	21	6,00	BM	10	760	620	266	8 500
— 12cm. .	50	3 225	2 550	320	35	9,1	5 800	4 200	+ 15° — 10°	21	6,50	BM	10	825	728	299	12 000
— 14cm. .	45	5 000	3 655	305	80	27,4	9 220	6 700	+ 20° — 5°	40	9	BM	9	700	1 000	318	10 100
— 15cm. .	50	6 460	4 100	400	60	15,7	9 400	7 100	+ 15° — 10°	40	13,20	BM	9	880	1 580	410	10 600
Canons jumeaux de 15cm	42	4 935	8 000	400	130	34	17 000	12 600	+ 15° — 10°	40	10,50	BM	15	780	1 240	345	9 500
Canon de 20cm . .	45	14 000	7 500 (1)	575	140	31,5	39 000	17 500	+ 14° — 5°	90	32	BM	4	840	3 240	503	11 700
— 24cm . .	45	24 136	11 860 (3)	700	175	45	37 000	29 100	+ 12° — 5°	150	60	BM	3	850	5 530	606	10 300
Canon de 24cm en tourelle barbette.	42	23 750 (2)	»	625	110	28,5	82 640	32 000	+ 15° — 5°	20?	56	BM	»	700	5 050	568	11 600
Canon de 27cm . .	40	32 700 (côte).	104 000 masque compris.	750	136	23	90 300	33 000	+ 10° — 5°	250	70	BM	»	820	8 850	728	11 500
— 305mm . .	40	56 000 (côte).	147 000 masque compris.	1 200	200	37,2	128 000	56 000	+ 10° — 5°	350	95	BM	»	820	12 000	813	12 000
Canons jumeaux de 305mm en tourelle	40	40 000	41 500	950	178	30	340 000	112 500 pour les deux canons.	+ 10° — 5°	350	95	BM	»	820	12 000	813	12 000
Canon de 32cm . .	40	66 000	»	1 600	96	17	175 000	87 000	+ 10° — 4°	450	240	PB	»	700	11 300	739	10 000
Obusier de 15cm.	10	930	3 600	275	26	22,5	6 250	1 800	+ 60° — 3°	40	1,10	BM	»	260	138	»	5 700
— 24cm.	10	4 900	10 000 (4)	440	88	38	16 000	7 200	+ 60° — 7°	150	5	BM	»	300	690	»	6 700

(1) Poids du masque, 20 650 kg ; poids de la noria, 2 500 kg. — (2) Poids de la tourelle, y compris les cuirassements, 220 t. — (3) Plus 3 600 kg de masque. — (4) Plus 3 300 kg pour un masque de 30 mm d'épaisseur. — (5) Champ de pointage latéral pour tous les affûts, 360°.

Fig. 9. — Pavillon du Creusot (Vue intérieure).

ARTILLERIE DE DÉBARQUEMENT

Il existe des canons dits de débarquement des calibres de 65^{mm} et 75^{mm}.

Généralement du type des pièces de montagne, ces bouches à feu peuvent se démonter en éléments (canon, berceau, flèche, rallonge de flèche, roues, etc.) transportables, qu'on assemble ensuite rapidement une fois à terre.

Matériel d'embarcation (fig. *r*). — Ce matériel peut servir à armer des embarcations pour agir par temps calme à petite distance de la côte, et soutenir des compagnies de débarquement ou autres détachements en fouillant le terrain à proximité.

Le canon, à long recul, est installé à l'avant sur une plate-forme spéciale Φ. L'affût est immobilisé par une bielle verticale V qui l'empêche de se cabrer et par un éperon rigide ε butant contre le madrier M. Les roues reposent sur des semelles spéciales S, en forme de cornières circulaires centrées sur la bielle autour de laquelle l'affût peut pivoter. En cas de débarquement il suffit de décrocher la bielle et de démonter la pièce.

Service de la pièce. — Le patron de l'embarcation maintient, avec la barre B, le canot et la bouche à feu dans la direction du but, à l'aide d'un viseur rudimentaire αβ. Le servant de droite et le pointeur sont placés sur le pont P : le premier charge la pièce, le second achève le pointage en agissant sur la manivelle H, pour donner l'angle, et sur le volant D, pour donner la direction ; il met le feu au moment convenable.

Les munitions sont placées sous la plate-forme Φ dans des caisses C.

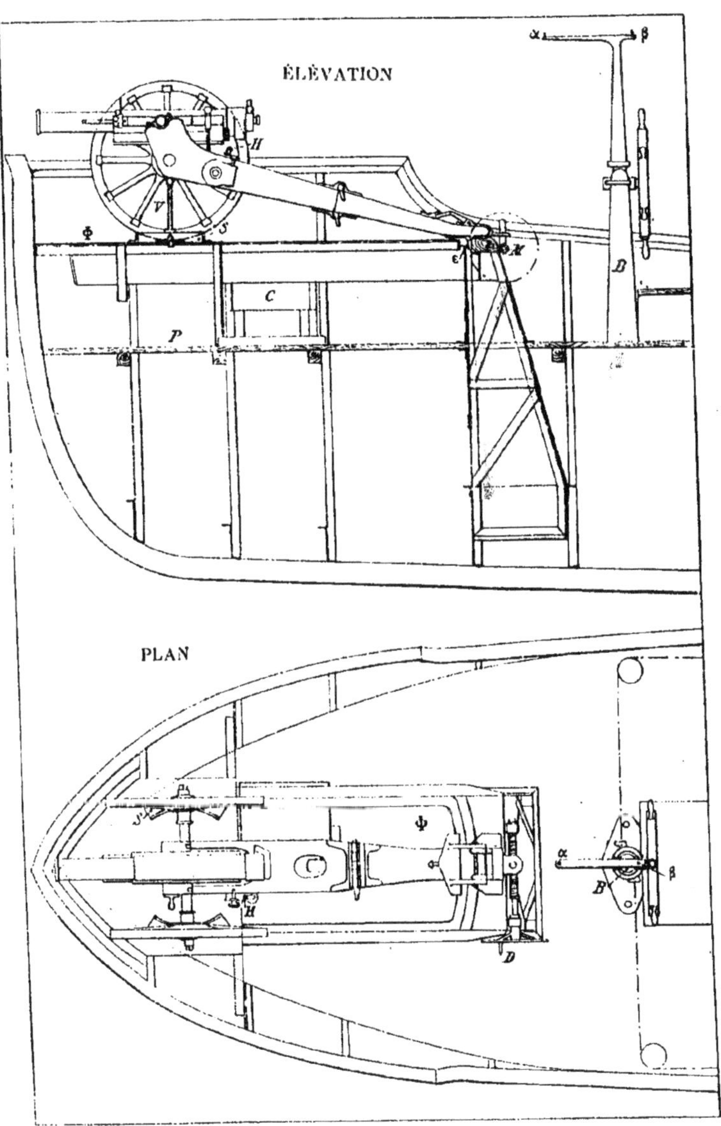

Fig. r. — Canon d'embarcation.

Fig. 5. — Canon de bord de 3,7ᵐ/ᵐ.

BOUCHES A FEU DE PETIT CALIBRE

(FIG. *s* ET *t*).

Ces bouches à feu (37^{mm}, 47^{mm}, 57^{mm} et 65^{mm}) sont remarquables par leur très grande longueur d'âme.

Elles sont munies de fermetures de culasse à filets concentriques, à fonctionnement automatique ou semi-automatique.

Elles emploient un récupérateur à ressort.

Le pointeur pointe la pièce au moyen d'une crosse munie d'une garniture en caoutchouc qu'il appuie à son épaule; il peut mettre le feu sans cesser de viser. Une vis de serrage, prenant appui sur le chandelier du châssis, permet d'immobiliser à volonté la partie mobile dans un azimut déterminé.

ARTILLERIE DE MOYEN CALIBRE

(PL. VI, FIG. 43 A 52).

Sous cette désignation, nous comprenons les canons de côte de 9^{cm} et 12^{cm} et les canons de bord de 10^{cm}, 12^{cm} (fig. *u*), 14^{cm} et 15^{cm}, dont l'organisation rentre tout à fait dans le type général précédemment décrit.

La culasse est à un seul mouvement.

Les longueurs d'âme sont de 50 calibres en moyenne.

CANON DE 15^{cm} (fig. *v*).

Mécanisme de pointage vertical. — Le mécanisme de pointage vertical se compose d'un pignon qui engrène avec un secteur denté Δ solidaire du berceau et que commande d'autre part une roue hélicoïdale (fig. 45 et 46).

La roue hélicoïdale reçoit elle-même son mouvement d'une vis sans fin qu'actionnent deux roues d'angle et une manivelle H placée sur le côté gauche de l'affût sous la main du pointeur.

Fig. 1. — Canon de bord de 47mm.

Fig. 11. — Canon de 12^{cm} du gouvernement portugais.

Fig. 9. — Canon de bord de 15^{cm}.

Des rondelles à friction, intercalées entre la roue hélicoïdale et le pignon qui commande le secteur Δ, absor-
bent les chocs qui pourraient se produire sur les dentures
pendant le tir ou lors d'un arrêt brusque de la masse
mise en mouvement par le pointage vertical.

Mécanismes d'orientation. — Le mécanisme d'orientation se compose d'une circulaire dentée δ, immobilisée
sur la sellette par un dispositif à friction, et sur laquelle

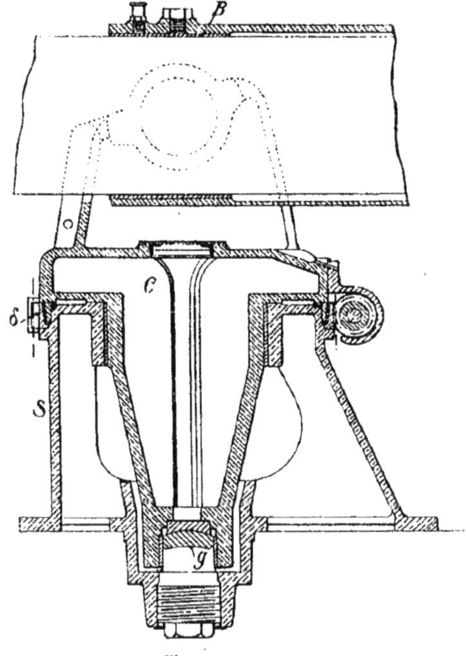

Fig. x.

se développe une vis sans fin, qui entraîne dans son
mouvement tout le système mobile sur un grain inférieur réglable g (fig. x).

La vis sans fin est clavetée sur un arbre horizontal
supporté par le châssis et commandé par une paire de

roues d'angle, un arbre oblique et une manivelle D (fig. 45 et 46).

Dans certains affûts, le mécanisme de pointage en direction est double ; les deux arbres obliques étant placés symétriquement de part et d'autre de l'affût, le système pourra être mû à volonté, soit par le pointeur (à gauche de l'affût), soit par l'aide-pointeur (à droite de l'affût), soit par les deux servants agissant simultanément sur leurs manivelles de commande.

Le dispositif de friction qui immobilise la circulaire sur la sellette, comporte un système de réglage par écrous et rondelles Belleville qui permet de faire varier l'adhérence de manière que celle-ci puisse créer un point d'appui à la vis sans fin, tout en laissant à la circulaire la possibilité de se déplacer légèrement avec la masse mise en mouvement par le pointage latéral. On atténue ainsi l'effet des chocs qui pourraient se produire sur la denture, lors d'un arrêt brusque du système.

Appareil de visée (fig. y). — L'appareil de visée [1] comprend à la fois un système avec cran de mire a et guidon b, et une lunette télescopique spéciale L. L'extrémité avant de la lunette et le guidon sont montés sur un axe l qui est perpendiculaire à l'axe optique et peut tourner dans une douille d portée elle-même par un bras mobile autour de l'axe du tourillon. L'extrémité arrière de la lunette et le cran de mire b sont fixés sur un curseur c qui se déplace sur une planchette des dérives p, concentrique à l'axe d'articulation l.

La planchette p est portée par un support denté circulaire f, concentrique à l'axe des tourillons et pouvant coulisser dans une boîte h solidaire des mouvements du berceau. La graduation en portée est gravée sur le support denté et le trait de repère se trouve sur la boîte h.

---

[1] Les affûts, qui ont un double mécanisme de pointage en direction, ont aussi un appareil de visée à droite et un autre à gauche.

Les graduations étant au zéro, l'axe de la lunette est rigoureusement parallèle à l'axe du canon.

Lorsque l'on veut changer l'inclinaison de la lunette par rapport à l'axe du canon, il suffit d'agir sur le bouton g qui commande un engrenage en spirale non réversible.

La dérive se donne au moyen du bouton i qui commande la vis sans fin h et produit le déplacement de la lunette L sur la planchette.

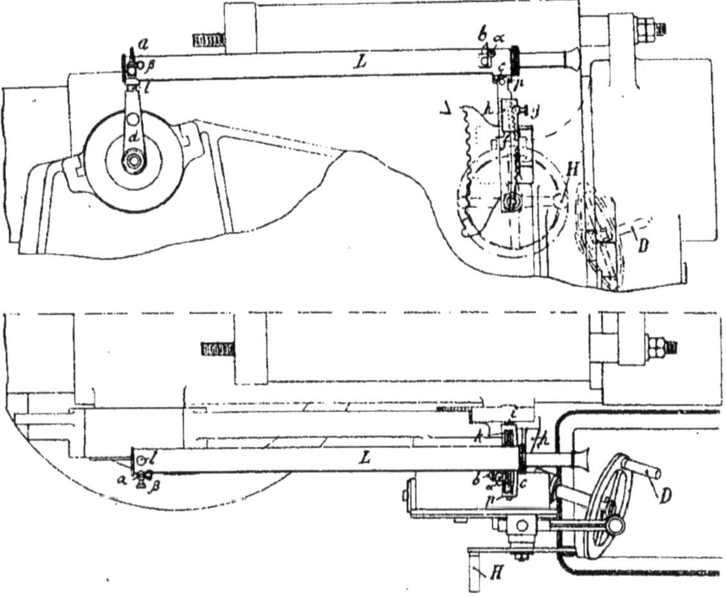

Fig. y. — Appareil de visée.

Ce type d'appareil est donc tout aussi simple comme emploi que celui à hausse et guidon ordinaires, et il a, sur ce dernier, l'avantage de permettre un pointage beaucoup plus précis. Il peut servir au tir de nuit, car le cran de mire et le guidon sont éclairés à volonté par deux petites lampes électriques α et β.

Munitions. — Les projectiles et les douilles sont représentées par les figures 47 à 52.

CANONS JUMEAUX DE 15^{cm} SUR AFFUT DOUBLE

(fig. 2 et 2').

Considérations générales. — Le tir de l'artillerie navale présente de grandes difficultés, non seulement par suite des erreurs commises dans l'appréciation des distances et dans la détermination des éléments du pointage, mais surtout à cause de l'*instabilité de la plate-forme* et de la *mobilité relative des objectifs*.

Ces difficultés ne peuvent être éliminées, car elles sont inhérentes à la nature même de la lutte sur mer, mais on a cherché à les atténuer. C'est dans ce but qu'on emploie des télémètres, qu'on perfectionne les appareils de visée, qu'on place sous la main du pointeur des leviers de mise de feu qui, supprimant le temps mort, permettent d'envoyer le coup de canon à l'instant fugitif où l'oscillation du navire amène la ligne de mire sur l'objectif[1].

Dans un combat, d'autres complications surgissent encore. L'observation des points de chute et le réglage du tir seront forcément précaires, sinon impossibles, pour l'officier canonnier, lequel n'aura plus qu'une action de direction assez lointaine. Chaque pièce opérera pour ainsi dire individuellement sous la direction de son pointeur. Il est donc nécessaire que celui-ci puisse rectifier son tir avec célérité et par des moyens en harmonie avec ses aptitudes. S'il avait par exemple un second coup immédiatement prêt, il pourrait, après avoir vu tomber son premier projectile, envoyer aussitôt le second en modifiant convenablement son point de pointage. Il aurait

____

(1) Voir page 82.

Fig. 2. — Canons de 12cm sur affût double.

Fig. a. — Canons jumeaux de 15cm.

ainsi le moyen d'atteindre directement le but : ce qui à la mer est absolument indispensable.

De là l'idée d'installer sur un même affût deux canons toujours placés parallèlement l'un à l'autre et qui, chargés à l'avance, permettraient au pointeur de se servir de sa pièce comme le chasseur se sert de son fusil à deux coups.

La réalisation d'un affût double présente d'ailleurs un certain nombre d'autres avantages.

La surface vulnérable est moins considérable, l'alimentation en munitions est simplifiée, on réalise une économie de poids, de place et de personnel, tous avantages qui ne sont point à dédaigner à bord.

Enfin, pour un même nombre de bouches à feu, l'intervalle des affûts sera plus grand, l'observation des coups sera plus facile — et partant l'officier canonnier pourra faire plus sûrement ses rectifications, le pointeur utilisera plus facilement son habileté professionnelle.

Dispositions de détail (fig. 43 et 44). — Les culasses s'ouvrent, l'une à droite, l'autre à gauche, et un même homme peut les manœuvrer en même temps.

Les mécanismes de mise de feu fonctionnent à volonté soit électriquement, soit par percussion. Les commandes, placées à gauche, permettent de faire partir les deux coups successivement ou simultanément.

Chaque canon possède deux freins, l'un en dessus, l'autre en dessous, et un récupérateur à air placé à côté du frein supérieur.

Enfin, servants et matériel sont protégés par un masque fixé au châssis au moyen d'attaches élastiques.

Fig. *b'*. — Canon de bord de 20^{cm} (le masque enlevé).

CANONS DE GROS CALIBRE

CANON DE 20ᶜᵐ A MASQUE FERMÉ (fig. *b'*)

(PL. VII, FIG. 53 A 59).

Afin d'être plus léger, le berceau est formé de deux longrines en acier forgé , invariablement reliées à leurs extrémités par des entretoises, garnies intérieurement de bronze de manière à faciliter le glissement du canon.

Les freins sont placés à droite et à gauche du tube ; le récupérateur à air comprimé se trouve à la partie inférieure et à droite.

Les mécanismes de pointage en hauteur et en direction sont irréversibles et de plus sont munis de systèmes à friction pour éviter les ruptures qui pourraient résulter de chocs trop violents.

Train irréversible pour commande de pointage (fig. *c'*).

Le train irréversible a pour objet d'augmenter sensiblement le rendement des mécanismes de transmission, tout en conservant l'avantage de l'irréversibilité de ces mécanismes grâce à la présence d'une vis sans fin.

Ce résultat s'obtient en transmettant le mouvement de pointage à l'aide d'organes disposés de façon à scinder le travail provenant du moteur ou de la commande à bras, en deux parties inégales transmises : l'une, par des engrenages rectilignes ; l'autre, plus faible, par une vis sans fin et une roue héliçoïdale qui rendent le mouvement irréversible.

Description de l'appareil. — Autour d'un arbre fixe *pq* tourne une roue dentée *c;* cette roue est actionnée par une dynamo ou par une manivelle *a* commandée à la main.

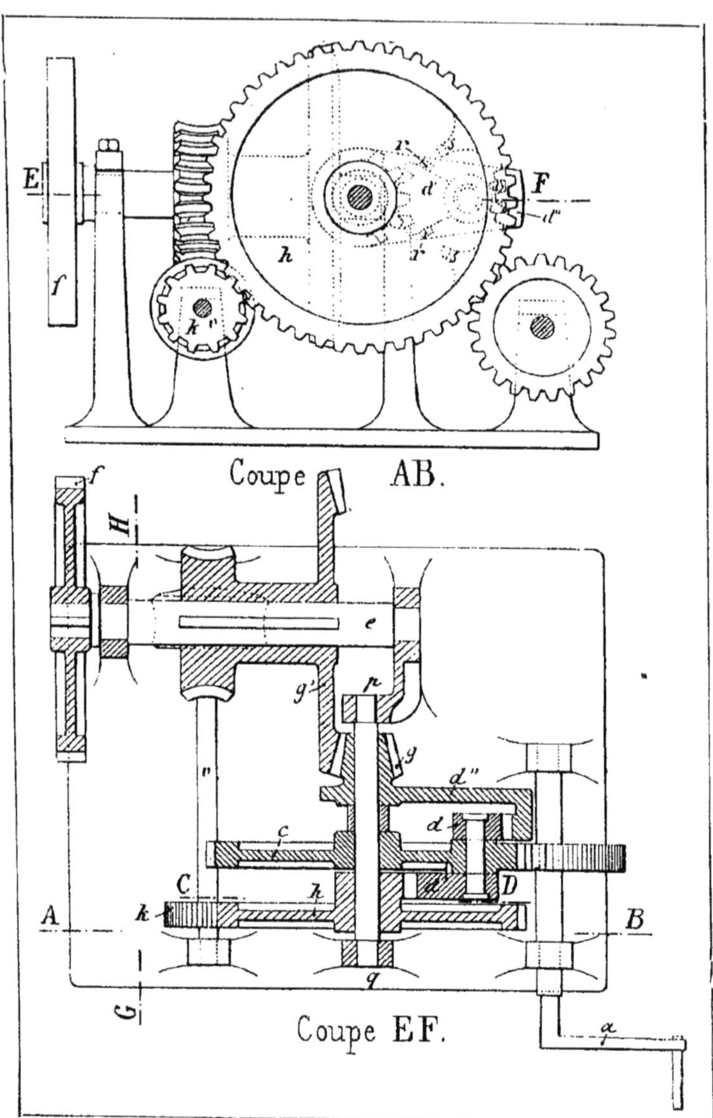

Fig. 4. — Train irréversible

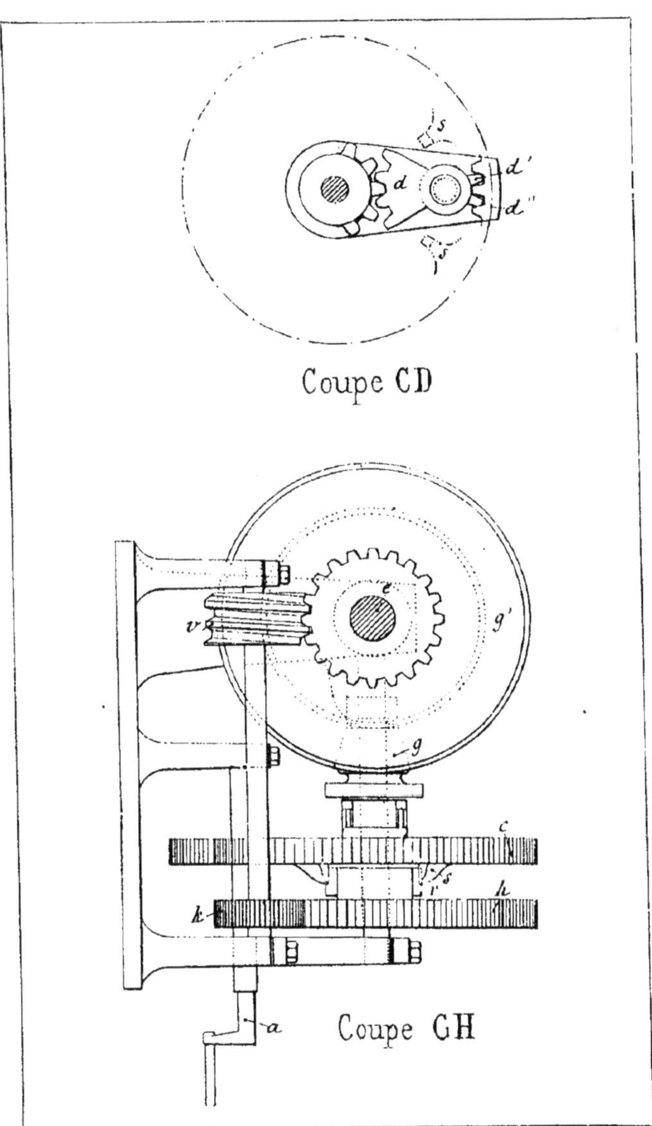

pour commande de pointage.

La roue c porte deux secteurs dentés d, d', reliés invariablement l'un à l'autre et pouvant osciller avec leur axe commun sur la roue c.

Le secteur d engrène avec un autre secteur d'' à denture intérieure, tournant librement sur l'arbre pq et portant une roue d'angle g qui agit sur une seconde roue d'angle g' fixée sur l'arbre e. Cette pièce fait tourner le pignon f qui se développe sur une crémaillère circulaire fixée à la sellette de l'affût.

Le secteur d' engrène avec un second secteur à denture extérieure tournant librement sur l'arbre pq et faisant corps avec une roue dentée h. Cette roue h actionne, par l'intermédiaire d'un pignon k, une vis v qui agit sur une roue hélicoïdale faisant partie de l'arbre e.

La rotation de e est donc produite simultanément par deux moyens distincts :

1° Par le secteur d, grâce à l'intermédiaire du secteur d'' et des engrenages g, g', dont les frottements sont très faibles. Il transmet la plus grande partie du travail fourni par le moteur.

2° Par le secteur d', qui actionne, au moyen des roues h et k et de la vis v, la roue hélicoïdale faisant partie de e. On ne transmet ainsi par la vis sans fin, dont les frottements sont considérables, que la quantité de travail juste suffisante pour entraîner cette vis et suivre la roue hélicoïdale.

En supposant que e tende à conduire c, la présence de la vis rend le mouvement irréversible.

Deux cas peuvent en effet se présenter :

1° Si la roue hélicoïdale est en contact avec la vis, le système est évidemment irréversible, puisque cette roue hélicoïdale ne peut actionner la vis sans fin, dont les filets sont presque perpendiculaires à l'axe ;

2° Si, au contraire, par suite de jeu dans les dentures, la roue g' entraînait la roue g et les secteurs d et d', la roue c suivrait le mouvement de d, d', tant que le jeu de la vis v ne serait pas rattrapé. A partir de ce moment, on serait ramené au premier cas.

Des saillies r ménagées sur le secteur d' et des butées s portées par la roue c limitent les oscillations de d, d'.

Noria.

Le châssis C entraîne, dans son mouvement de rotation, une noria N, descendant jusqu'à la chambre de distribution des munitions, ainsi qu'une plate-forme en tôlerie qui supporte le masque et les servants chargés de la manœuvre (fig. 54 à 57).

La noria, mue à volonté soit à bras, soit électriquement, est constituée par une chaîne sans fin sur laquelle sont fixées des palettes qui élèveront les projectiles et les gargousses jusqu'à hauteur des flasques du châssis pour les déverser ensuite sur le côté droit de l'affût. Les munitions sont, à cet effet, déposées dans un barillet β dont le mouvement est intermittent, comme celui de la chaîne. Ce barillet s'arrête automatiquement pendant le temps que met la palette à dégager une gargousse ou un projectile ; il tourne ensuite de la fraction de tour nécessaire pour amener un projectile ou une gargousse sur le parcours de la palette suivante de la chaîne (fig. 56).

L'arrêt automatique de la noria se produit toutes les fois qu'un projectile ou une gargousse arrive à la partie supérieure. La mise en marche ne peut être faite que si les servants de la chambre de tir et de la chambre de distribution sont prêts pour cette manœuvre.

A la sortie de la noria, la gargousse est prise à la main ; le projectile est poussé sur un élévateur articulé E qui permet de l'amener dans le prolongement de l'axe du canon et de l'introduire dans la chambre sans dégrader les filets de l'écrou. Le projectile est ensuite conduit à sa position de chargement par un refouloir télescopique à vis ρ (fig. 59) actionné par une manivelle et monté sur un pivot π qui lui permet de s'effacer lorsque la manœuvre est terminée.

Masque.

Le masque est formé par un cuirassement, incliné à l'avant, vertical à l'arrière et sur les côtés, porté par un *platelage* (doublure en tôle) fixé sur la plate-forme. On a ménagé, dans la partie arrière, une ouverture qui est fermée par un cuirassement, tantôt mobile sur des galets et tantôt immobilisé au moyen d'un verrou.

CANON DE 24^{cm} (fig. *d'*).

(PL. VIII, FIG. 64 ET 65)

Mécanisme de culasse. — Le canon de 24^{cm} est muni d'une fermeture de culasse à obturateur plastique et à mouvement continu. Le mécanisme de mise de feu, qui fonctionne à volonté électriquement ou à percussion, a sa commande placée sur le côté gauche de l'affût, à proximité de la main du pointeur.

On passe très rapidement de la mise de feu électrique à la mise de feu par percussion par le déplacement d'une seule clavette.

Berceau. — Le berceau est constitué par deux longrines en acier forgé que relient invariablement à l'avant et à l'arrière des entretoises garnies intérieurement de bronze pour faciliter le glissement du canon.

Les deux freins, diamétralement opposés, sont placés à droite et à gauche du canon. Le récupérateur à air

Fig. 27. — Canon de bord de 24^{cm}.

comprimé, indépendant des freins, se trouve à la partie inférieure de l'affût.

Système de pointage. — Le volant de commande du pointage en hauteur actionne un secteur denté, solidaire du berceau, par l'intermédiaire d'un engrenage d'angle, d'une vis sans fin, d'une roue hélicoïdale, de rondelles à friction et d'un pignon claveté sur le même arbre que la roue.

Le volant de pointage en direction D, placé sous la main du pointeur, actionne, par l'intermédiaire d'un mécanisme irréversible à grand rendement[1], un pignon qui se déplace sur une circulaire fixe, montée à friction sur la sellette.

Le pointeur peut ainsi déplacer un poids d'environ 40 tonnes avec une rapidité suffisante pour suivre, à la distance de 500 m, un objectif se déplaçant à la vitesse d'environ 30 nœuds.

Châssis. — Le châssis porte une petite plate-forme en tôlerie sur laquelle se tient le pointeur ; il est muni de butées correspondant aux angles de tir maximum et minimum de la pièce, et d'un verrou qui permet d'immobiliser toute la masse mise en mouvement dans le pointage en direction.

En résumé, le canon de 24^{cm} que nous venons de décrire offre les mêmes facilités de manœuvre que les canons à tir rapide de moyen calibre.

____

(1) Voir p. 69.

ARTILLERIE A TIR COURBE.

OBUSIER DE BORD DE 15ᵉᵐ (fig. *e'*).

L'affût pour obusier de bord de 15ᶜᵐ est semblable à celui de l'obusier de 24ᶜᵐ décrit ci-après. Toutefois il ne comprend, ni plate-forme, ni appareil de chargement, et ses mécanismes de pointage ne sont pas munis du train irréversible à grand rendement.

OBUSIER DE BORD DE 24ᶜᵐ (fig. *f'*).

(PL. VIII, FIG. 60 A 63)

L'obusier de 24ᶜᵐ est muni d'une fermeture de culasse à obturateur plastique, à trois mouvements, dont le mécanisme de mise de feu fonctionne à volonté, soit par percussion, soit électriquement.

Les deux freins à résistance constante sont diamétralement opposés et placés dans le plan vertical de l'axe du canon. Le récupérateur à air comprimé est fixé à gauche et à la partie inférieure du berceau.

Les appareils de pointage en hauteur et en direction sont munis du mécanisme irréversible à grand rendement.

Masque.

L'affût et les servants sont protégés par un masque en acier fixé sur le châssis. Ce masque porte un sabord permettant de donner à la pièce une inclinaison, variant de — 7° à + 60°. Comme l'ouverture considérable donnée ainsi au sabord présenterait de graves inconvénients, au point de vue de la protection des servants, on a disposé, en arrière du premier, un second masque qui suit tous les déplacements du berceau sur lequel il est fixé et qui obture à chaque instant le sabord du masque principal.

Fig. 6. — Obusier de bord de 15cm.

Fig. 5. — Obusier de bord de 24^{cm}

Appareil de chargement (fig. *g'*).

A l'arrière du châssis est montée une plate-forme en
tôle et cornières qui porte l'appareil de chargement et
sur laquelle se tiennent les servants (fig. 60 et 61).

L'appareil de chargement est destiné à élever à hauteur de l'axe du canon un projectile placé sur une planchette de chargement en bronze P, à l'arrêter automatiquement et à le maintenir en arrière de la culasse jusqu'à
ce que celle-ci soit ouverte. Le projectile ainsi disposé
est immobilisé sur sa planchette par un verrou à ressort

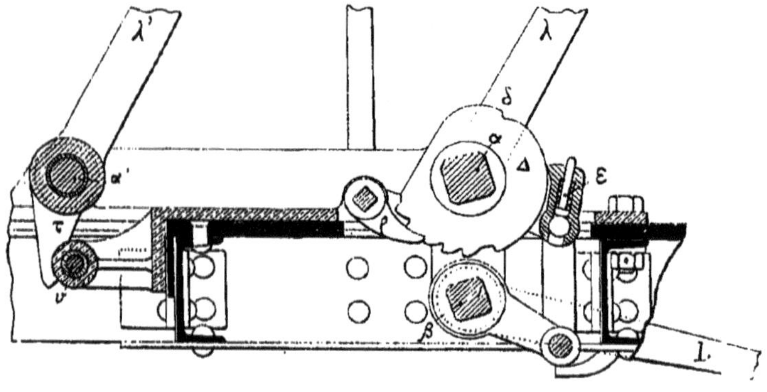

Fig. *g'*. — Appareil de chargement de l'obusier de 2/10.

qui l'empêche d'être poussé en avant tant que la planchette n'est pas engagée dans l'âme.

La planchette P est articulée sur deux fourches λ et λ'
pouvant pivoter autour des axes α et α'.

Pour soulever le projectile, les servants agissent sur
les leviers L et L', calés sur l'axe β et qui commandent
un parallélogramme articulé. Le cliquet ε prend appui
sur la dent δ de la pièce Δ et le mouvement d'ascension
commence. Le rochet ρ joue le rôle d'organe de sécurité.

Lorsque la planchette est arrivée à hauteur de l'axe

du canon (¹), si la culasse n'est pas ouverte, tout le système est arrêté automatiquement par un butoir v qui vient rencontrer le talon τ venu de forge avec la fourche λ'. Ce butoir est commandé par la culasse par l'intermédiaire d'une transmission $qxyrv$ dessinée schématiquement (fig. 61). Si la pièce est prête pour le chargement, le butoir v n'arrête plus le talon τ et il suffit de pousser le projectile en avant. Quand la pièce est chargée, on appuie sur la pédale pour dégager le rochet ρ de la denture de la pièce Δ, et la planchette P peut être rabattue en arrière sur des tampons élastiques z. Un ressort r ramène alors le butoir v à la position d'arrêt.

Appareil de pointage.

(PL. VIII, FIG. 62 ET 63)

Un secteur a, articulé sur l'un des tourillons du canon ou de son berceau, porte à la partie supérieure les organes de visée proprement dits.

Une crémaillère b, taillée sur ce secteur a, peut être commandée par un engrenage en spirale c, disposé à l'extrémité du bras fixe i.

Un bras e, solidaire du canon, porte un vernier d pouvant se déplacer en face de la graduation du secteur a.

Tir sur plate-forme fixe.

Pointage sur but fixe. — On se sert de l'engrenage c pour diriger d'une façon permanente la ligne de mire sur le but. Le chargement terminé, on agit sur la manivelle pour ramener le zéro du vernier à la division correspondant à la distance.

Pointage sur but mobile. — On débraye l'engrenage en spirale; on fixe le vernier à la division convenable au moyen de la manette f et on suit le but en se servant de la manivelle H.

(¹) Le projectile étant ainsi maintenu par le rochet ρ, on peut abaisser les leviers L et L' (position de la figure g').

Tir de bord.

Il y a toujours mobilité relative de la bouche à feu et de l'objectif; on opère donc comme dans le pointage sur but mobile (plate-forme fixe) avec cette différence que le pointeur suit le but seulement en direction et attend pour envoyer le coup qu'un mouvement du navire amène la ligne de mire sur le but. On peut aussi ne pas rendre le secteur *a* solidaire du berceau et faire avec l'engrenage *c* de légères corrections de pointage.

En un mot, à bord, l'usage de l'appareil dépend essentiellement de la méthode de tir suivie.

N.-B. — On peut remarquer en passant combien sont grandes les difficultés du pointage à bord, et combien cette opération diffère du pointage à terre.

A bord, la distance et par suite la hausse varient rapidement, en outre les corrections relatives au vent, au déplacement transversal du but, et surtout les mouvements du navire rendent le rôle du pointeur aussi compliqué que délicat :

« Pour pointer en hauteur, le chef de pièce fait élever ou abaisser « la culasse jusqu'à ce que la ligne de mire soit *à hauteur du but,* « lorsque le navire est dans *la position moyenne de ses balance-* « *ments de roulis.....*

« ..... Le chef de pièce fait feu lorsque la ligne de mire, en s'éle-« vant ou s'abaissant, va passer sur le but ([1])..... »

Or, c'est à ce moment précis que la vitesse angulaire du navire et de la pièce est maximum. On conçoit dès lors quelle importance présente l'habileté professionnelle du pointeur.

De toutes les influences perturbatrices, la plus importante en effet est celle qui est relative aux mouvements d'oscillation du bâtiment. Il faut des pointeurs très adroits pour saisir à point le moment précis de faire feu ([2]). La correction de la hausse, relative à cette influence du roulis, exigerait une connaissance très nette de celui-ci, et le chef de pièce doit être assez exercé pour la faire d'instinct.

Dans ces conditions, on peut se demander si la solution du pointage à bord, au lieu d'être dans un appareil de visée plus ou moins perfectionné, ne serait pas dans un mécanisme qui enverrait le coup au moment précis où le roulis donne à la pièce l'angle convenable([3]).

([1]) *Manuel de l'apprenti canonnier,* approuvé le 28 mai 1895, p. 48 et 49.

([2]) Dans des conditions moyennes, avec un roulis de 5 degrés de chaque bord et une vitesse initiale de 500 m, une erreur de 1/10 de seconde sur la mise de feu correspond à un écart en hauteur d'environ 10 m à 1 000 m.

(3) Des appareils de ce genre ont été proposés en Allemagne pour le fusil de l'infanterie. (Voir *Kriegstechnische Zeitschrift,* 7° liv. de 1900.)

TOURELLE-BARBETTE POUR CANON
DE 24^{em}

(PL. IX, FIG. 66 A 76)

La marine espagnole construit actuellement dans ses propres arsenaux, à Cadix, au Ferrol et à Carthagène, trois croiseurs : *Princesa de Asturias, Cardinal Cisneros* et *Cataluña,* armés de tourelles-barbettes pour canons de 24^{cm}; ces tourelles, fournies par les établissements Schneider et Cie, pourront être, d'une façon générale, manœuvrées, soit à bras, soit électriquement.

Protection. — La chambre de tir est constituée par une carapace tronconique fixée sur la plate-forme et qui est recouverte d'une cuirasse d'épaisseur variable (100 mm à l'avant et sur les côtés, 80 mm à l'arrière et 40 mm au plafond).

La pièce tire en barbette par-dessus un anneau, formé de plaques en acier-nickel cémenté de 180 mm d'épaisseur.

Le puits de 1^m,40 de diamètre, par lequel se fait le service des munitions, est entouré d'une cuirasse cylindrique, de 100 mm environ d'épaisseur, dans toute la partie comprise entre le pont supérieur et le pont protégé.

Rotation de la tourelle. — A sa partie inférieure, la carcasse en tôlerie du puits aux munitions est rivée sur un pivot en acier moulé π. Celui-ci pénètre dans un pot de presse hydraulique servant de guide.

A sa partie supérieure, le puits s'évase légèrement de façon à s'encastrer dans une couronne K en acier moulé, qui réunit le puits à la plate-forme et porte 48 galets verticaux de guidage g. Ces galets viennent prendre appui contre la paroi cylindrique intérieure de la sellette S fixée sur le plancher de la tourelle.

D'autre part, la plate-forme en tôlerie porte, à l'aplomb de la bouche à feu, deux secteurs circulaires c, de 90° environ, prenant appui sur un chemin de roulement constitué par 48 galets tronconiques r à axe horizontal.

La pression dans la presse est réglée de façon à faciliter le plus possible la rotation, tout en maintenant le contact des circulaires c et des galets r. D'autre part, la plate-forme est agrafée[1] sur le rebord de la sellette, de façon à pouvoir résister aux efforts de soulèvement résultant du tir ou d'une pression hydraulique trop considérable, cette dernière étant souvent exagérée par les mouvements du bâtiment.

Pointage en direction. — La tourelle est entraînée par deux chaînes Galle agissant en couple sur un tambour d'enroulement t, boulonné sur le puits-pivot (fig. 66, 67 et 68).

Ces deux chaînes, dont les extrémités sont fixées sur le tambour, sont montées chacune sur un barbotin b calé sur un arbre vertical. Ce dernier porte une roue hélicoïdale h[2] engrenant avec une vis sans fin f[3] mise en mouvement, soit à bras au moyen d'un treuil T, soit mécaniquement par un moteur électrique e.

L'amplitude du pointage en direction est 240°[4] et, lorsque le navire est dans sa position d'équilibre, il faut 95 ou 35 secondes pour exécuter la rotation, suivant qu'elle se fait à bras ou au moteur.

---

(1) Le jeu est d'environ un demi-millimètre.

(2) La roue hélicoïdale est entraînée par le treuil grâce à l'existence d'un embrayage à friction φ avec serrage de 5300 kg obtenu au moyen de rondelles Belleville.

Dans le cas où une des chaînes viendrait à être inutilisable, un collier en bronze β permet de soulever φ et de supprimer l'adhérence.

(3) La vis sans fin porte, du côté du treuil, un embrayage à griffes ε et, de l'autre côté, un entraînement semi-élastique ε'.

(4) Deux arrêts sont fixés sur l'anneau-barbette à 120° à droite et à gauche de l'axe. La plate-forme porte des butées élastiques. Il existe en outre deux butées fonctionnant électriquement.

Organisation de l'affût. — L'affût est du type général, mais, pour l'alléger, on a formé le berceau de deux couronnes de coulissement B_1 et B_2 réunies par des longrines.

Chacun des freins hydropneumatiques (fig. 69, 70 et 71) comprend un réservoir à air communiquant avec un corps de pompe F (à barres d'obturation), qui reçoit un piston plongeur P. La tige P_1 de ce piston est poussée vers l'arrière par une frette d'entraînement Φ qui glisse dans le berceau et dont le mouvement est guidé par les quatre galets q, qu'elle porte latéralement. Le piston plongeur P refoule le liquide dans le réservoir à air. L'air comprimé, en se détendant, ramène la pièce en batterie.

Pointage en hauteur (fig. 66, 67 et 72). — Le canon est équilibré sur ses tourillons. Un servant agissant sur le volant H fait tourner, par l'intermédiaire d'un engrenage conique, une vis sans fin f' en prise avec une roue héliçoïdale, organisée à peu près comme la roue h du mécanisme de pointage en direction. Sur l'arbre de cette dernière sont calés les pignons p qui produisent l'élévation ou l'abaissement des crémaillères λ articulées aux longrines du berceau. Le pointage se fait à la hausse ou à l'aide d'un appareil à secteur.

Si on veut utiliser le moteur électrique e', qui tourne à un grand nombre de tours, on n'a qu'à transmettre[1] son mouvement à l'arbre du volant H par l'intermédiaire d'un train d'engrenages démultiplicateur.

Élévation des munitions. — Les munitions, placées dans les soutes, sont élevées au moyen de la benne N qui reçoit un projectile et ses deux gargousses. Cette benne est suspendue par deux tourillons Σ munis de galets en

---

[1] Un toc d'engrenage x, monté sur une coulisse y calée sur l'arbre du volant H, permet de réaliser cette transmission.

En effet, la roue folle ρ (dans le cas de la fig. 72) entraîne y et par suite tout le système.

Dans le cas de la manœuvre à bras, la pièce x est rapprochée du centre du volant H et celui-ci n'a plus aucune liaison avec la dynamo.

bronze, sur deux chaînes Galle sans fin, qui s'enroulent sur deux doubles barbotins. L'un de ces derniers O, dans le fond du puits, est commandé par un treuil T″ ou par une dynamo e''; l'autre, dans la chambre de tir, constitue un retour de chaîne. La benne porte encore sur ses côtés deux autres tourillons σ et des coulisses de forme spéciale (figurées en pointillé, fig. 76).

Au début du mouvement d'ascension, des tetons fixes ω, engagés dans les coulisses de la benne, forcent le projectile à se relever la pointe en l'air et appuient les tourillons σ contre la paroi verticale qui sert de guidage à la chaîne. — A l'arrivée du monte-charge dans la chambre de tir, d'autres tetons fixes Ω s'engagent à leur tour dans les coulisses et font basculer la benne de façon à présenter convenablement le projectile dans l'axe du canon.

La montée en charge de la benne se fait à bras en 4 minutes et électriquement en une demi-minute environ.

Chargement. Refouloir mécanique(¹). — Le refouloir comprend deux tiges télescopiques que réunit une tête métallique a doublée de bois (fig. 74, 75 et 76).

Les éléments 1, en acier, sont pleins et entretoisés par des fuseaux cylindriques u renforcés par des barres s. Les éléments 2, en laiton, sont creux et découpés pour laisser passer les galets de guidage γ d'une chaîne Galle; ils sont réunis à l'avant et à l'arrière par des brides. Les éléments 3, 4 et 5 sont analogues aux éléments 2.

La chaîne Galle fait suite aux fuseaux u et engrène ainsi que ces derniers avec le pignon n.

Le fonctionnement de l'appareil se comprend facilement. A la position de repos, les tubes sont rentrés dans

---

(¹) Ce refouloir, la pompe de la presse hydraulique et le compresseur d'air du récupérateur ne fonctionnent qu'à bras d'hommes; tous les autres organes marchent au besoin électriquement, même la pompe de mise hors de batterie Q qui peut être actionnée par une petite dynamo spéciale.

l'enveloppe 6 ; lorsqu'on fait tourner la manivelle de commande du pignon n, les éléments sortent successivement, puis, lorsque le projectile a été conduit à sa position de chargement, ils sont rappelés par les moyens inverses.

Pour éviter le fléchissement, une chape z et un galet soutiennent l'ensemble de l'appareil.

*
* *

Comme nous l'avons déjà fait pour le matériel en service à terre, nous donnons ci-dessous la liste du matériel de bord, à tir rapide et à tir accéléré, fourni récemment à diverses puissances.

NATURE DU MATÉRIEL.	PUISSANCES.	NOMBRES.
Canons et affûts de 37ᵐᵐ à tir rapide.	Chine.	14
— 47ᵐᵐ —	Grèce et Bulgarie	10
— 05ᵐᵐ —	Grèce, Bulgarie, Chine.	33
— 10ᶜᵐ —	Grèce, Portugal, Bulgarie, Chine. .	71
— 12ᶜᵐ —	Espagne, Portugal(1), Chili, Mexique.	21
— 14ᶜᵐ —	Espagne.	27
Canons et affûts de 15ᶜᵐ et de 16ᶜᵐ à tir rapide	Espagne, Portugal (1), Chili, République Argentine.	38
Tourelles pour 2 canons jumeaux de 12ᶜᵐ	Chili	2
Tourelles pour un canon de 12ᶜᵐ . .	Danemark.	3
Tourelles pour 2 canons jumeaux de 14ᶜᵐ	Divers.	4
Tourelles pour un canon de 14ᶜᵐ ou de 20ᶜᵐ	Divers.	10
Tourelles pour un canon de 24ᶜᵐ . .	Danemark, Chili, Espagne..	12
Tourelles pour un canon de 28ᶜᵐ ou de 305ᵐᵐ	Espagne et divers	14

(1) Voir dans la *Revista do exercito e da armada* (de février 1900) la description de l'artillerie des croiseurs portugais *S. Rafael* et *S. Gabriel.*

MÉCANISMES DE CULASSE

GÉNÉRALITÉS

Pour augmenter la rapidité du tir, il a fallu réaliser un grand nombre de perfectionnements qui ont surtout porté sur les organes de fermeture et de mise de feu.

Culasses pour bouches à feu de petit et de moyen calibre.

Il était nécessaire d'avoir des mécanismes fonctionnant avec un *seul mouvement du levier*.

Le problème a déjà reçu nombre de solutions.

Les établissements Schneider et Cie nous ont montré à l'Exposition une série de fermetures déjà anciennes, qui ont été pour la plupart décrites succinctement dans d'autres publications (¹); mais toutes différaient des premiers modèles par l'addition de dispositifs de sécurité absolument indispensables dans un feu rapide.

Le plus souvent, en effet, avec des organes de pointage indépendants, le pointeur se trouve éloigné de la culasse et, préoccupé de l'objectif, il peut mettre le feu prématurément. Il importe de se mettre à l'abri d'un accident de cette espèce.

---

(1) On les trouvera notamment dans la *Revue d'artillerie*, aux endroits ci-après indiqués :

Culasse marine, t. **35**, p. 62, et pl. I; t. **38**, p. 558 ;

Culasse à filets concentriques, t. **49**, p. 104 ;

Culasse du canon de campagne mod. 1895 système Schneider, t. **49**, p. 521 et pl. VII.

La première et la troisième sont à un *seul mouvement de levier*, mais à trois ou à deux mouvements de la vis. — La seconde, au contraire, est à un *seul mouvement du bloc*. Elle dérive d'une culasse *à sphère* (avec fausse âme), dans laquelle on a substitué au tourillonnement autour de l'axe du levier de commande une rotation guidée par une série de filets concentriques à cet axe.

Il faut aussi rendre tout dévirage impossible, qu'il provienne des trépidations de la route, des mouvements de la plate-forme ou de toute autre cause.

Il faut enfin qu'un servant trop pressé ne puisse ouvrir la culasse dans le cas d'un long feu.

On a imaginé à cet effet beaucoup de dispositifs ingénieux et nous aurons l'occasion d'en décrire quelques-uns.

Il fallait en outre, et avant tout, ne pas tomber dans une complication exagérée. C'est ce qu'on a pu réaliser dans la culasse dite *de siège* qui, avec un nombre très réduit d'organes, satisfait à toutes les exigences actuelles.

Nous sommes cependant obligé de constater que l'automatisme n'a pas encore fait beaucoup de progrès et, qu'à l'heure actuelle, on ne trouve pas de culasses à *fonctionnement automatique* [1] adaptées à des canons de calibre supérieur à 57^{mm}.

Culasses pour bouches à feu de gros calibre.

La question devient encore plus complexe, surtout à cause de la masse considérable de la fermeture.

Avec les vis à secteurs évidés ou les vis à gradins [2], on a réussi à gagner du temps et à ménager les forces des servants, en organisant un mécanisme spécial qui permet à un seul homme d'exécuter *d'une façon continue* les trois mouvements de la manœuvre.

D'autre part, on a cherché aussi à supprimer un de ces mouvements (déplacement longitudinal), tout en diminuant la longueur et partant le poids des culasses sans changer la résistance, grâce à l'emploi de vis spéciales,

---

[1] Canon automatique de 57^{mm} de la maison Vickers-Maxim, laquelle a construit cependant des canons *semi-automatiques* de 76^{mm}.

[2] Culasse système Welin. (Voir la figure schématique α, page 92.)

généralement à filets non interrompus (*vis conique, vis cylindro-conique*(¹), *vis ogivale, vis à échelons*).

Nous étudierons des spécimens de différents systèmes construits par les établissements Schneider et Cⁱᵉ. L'avantage, cependant, paraît rester au dispositif Treuille de Beaulieu, les autres constituant des combinaisons cinématiques ingénieuses, mais peu usitées dans la pratique.

En dehors des difficultés de construction, la vis conique et la vis ogivale offrent un inconvénient grave : le noyau de la vis n'est en contact complet avec l'écrou que dans une seule position.

En effet, la surface de vis conique (²) est engendrée par le déplacement d'un profil ABC, dont les côtés AB et AC décrivent chacun une surface de vis à filet triangulaire, mais avec glissement du profil le long des génératrices de telle façon que A et BC restent sur des cônes parallèles (fig. *h'* et *i'*). En examinant la section de la vis, on voit que la surface de contact des filets est très faible au début et va en augmentant. L'arrêt se produira quand le cône-vis et le cône-écrou primitifs viendront en contact. Si on tend, par une manœuvre trop brusque, à dépasser cette position, il y a coincement des cônes ; si au contraire on ne l'atteint pas, la résistance au déculassement est diminuée (³).

---

(1) Dans le matériel Armstrong, on emploie la vis cylindro-conique. Le noyau a la forme d'un cylindre surmonté d'un tronc de cône, les secteurs lisses du cylindre correspondant aux secteurs filetés de la partie conique et inversement.

(2) Ce paragraphe s'applique aussi aux vis ogivales dont les filets, au lieu d'être découpés dans les surfaces héliçoïdales par des cônes HH' et KK' (fig. *i'*), sont limités par les surfaces qu'engendrent des arcs de cercle parallèles (ou plus généralement des portions de courbe sans inflexion) tournant autour de l'axe commun.

(3) Il y a lieu de remarquer que dans une vis conique à filets triangulaires, les pas des deux surfaces héliçoïdales AB et AC (fig. *h'*) sont inégaux et qu'il y a ballottement possible de la vis dans son écrou tant que le vissage n'est pas complet.

Au contraire, dans la vis conique à filets carrés, les surfaces héliçoïdales AB et AC (fig. *i'*) sont parallèles et il n'y a pas de ballottement dès que les filets sont en prise.

La vis à échelons est exempte de cet inconvénient puisque les différents étages (pl. XI, fig. 90 et 91) sont composés de vis ordinaires dont les filets sont en con-

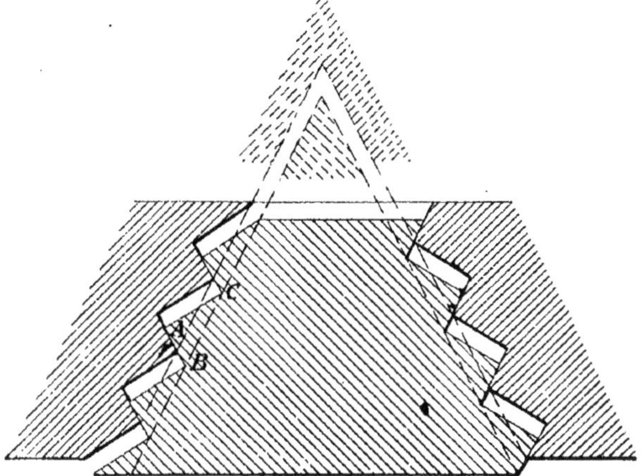

Fig. *h'*. — Coupe par l'axe dans une vis conique à filets triangulaires.

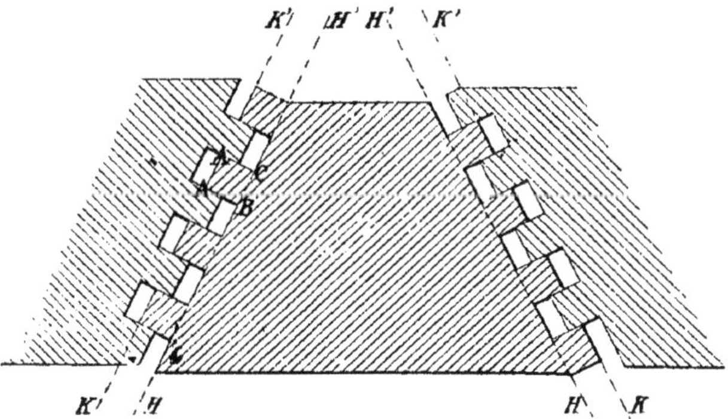

Fig. *i'*. — Coupe par l'axe dans une vis conique à filets carrés.

tact sur toute leur surface. A cet avantage, elle joint ceux des vis coniques et ogivales : faible déplacement longitudinal, meilleure tenue dans le volet, réduction de la longueur et du poids.

Mécanismes de mise de feu.

La mise de feu peut se faire soit par percussion, soit électriquement. Souvent même, les deux procédés sont employés sur une même culasse. L'un et l'autre ont des avantages et des inconvénients.

L'étoupille électrique présente plus de sécurité pour la manutention des munitions, mais exige l'emploi de canalisations et de piles.

L'étoupille à percussion permet de redoubler le coup, sans autres manipulations, dans le cas d'un raté de charge. C'est ce que les constructeurs français appellent mise de feu *à répétition* (*Repetier-Spannabzug* ou *Repetier-Abzug* des Allemands)

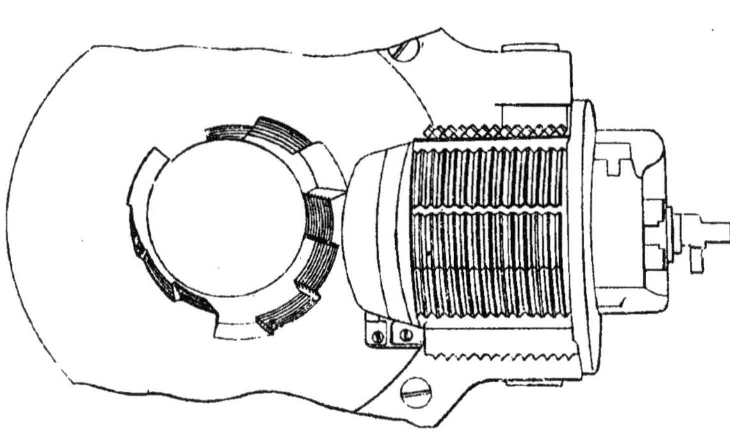

Fig. a. — Culasse à gradins.

CULASSE DU CANON DE CAMPAGNE
MODÈLE 1898-1900

Nous donnons seulement une reproduction photogra-
fique (fig. *j'*) de la culasse du canon de campagne modèle

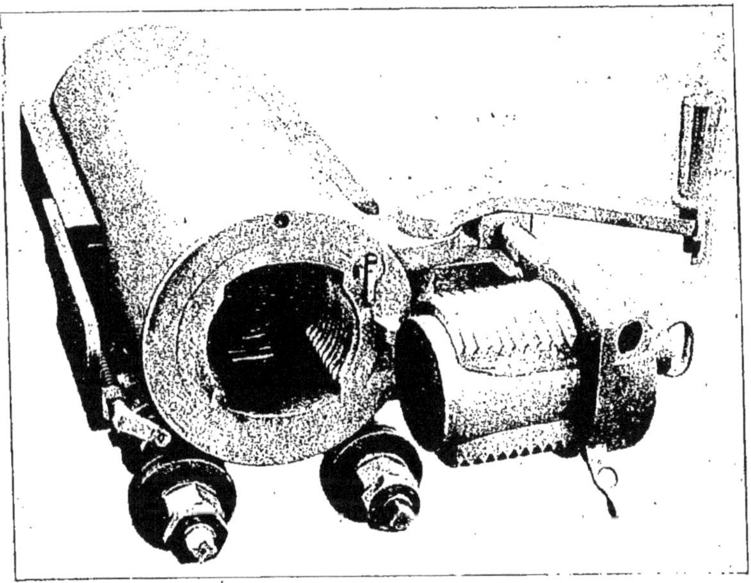

Fig. *j'*. — Culasse du canon de campagne mod. 1898-1900.

1898-1900 ([1]), dont le fonctionnement est analogue à
celui de la culasse de campagne modèle 1895 ([2]). On y a
cependant ajouté un petit organe de sécurité, qu'il est
intéressant de décrire.

([1]) Voir page 11.
([2]) *Revue d'artillerie*, t. 49, p. 521 et pl. VII. [Canon de campagne à
tir rapide de 75ᵐᵐ, modèle *1895*, système Schneider.]

Appareil de sécurité contre les longs feux (fig. *k'*). — Un bonhomme B, logé dans une mortaise pratiquée dans la tranche arrière du tube, est constamment poussé vers l'extérieur par un ressort. Sa course est limitée par la tête d'un goujon *g* qui pénètre dans une rainure.

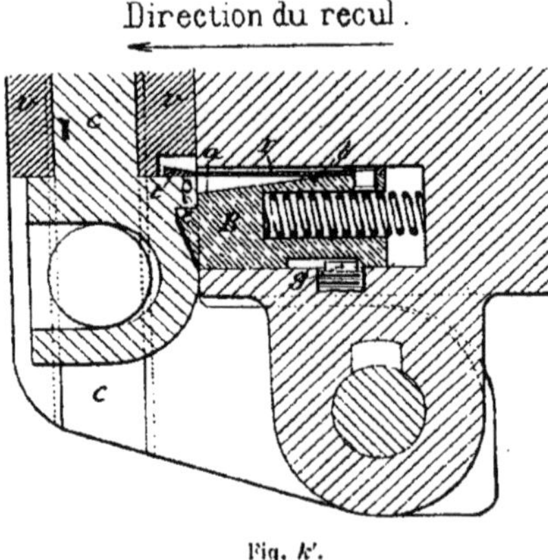

Fig. *k'*.

Dans le cas d'un long feu, on ne peut pas ouvrir la culasse parce que la crémaillère de dévirage *c*, logée dans la partie supérieure du volet *v*, est arrêtée par l'encoche *e*.

Lorsque le coup part, le bonhomme rentre dans son logement; il y est maintenu par la tête *t* du ressort plat *r* qui vient s'appliquer contre le plan incliné *ab*.

L'ouverture de la culasse devient alors possible et, dès qu'elle se produit, le bonhomme émerge.

Lorsqu'on ferme la culasse, au moment où la rotation de la vis commence, par suite du déplacement de la crémaillère vers la gauche, le talon ρ refoule le plan incliné de *e*, relève le ressort *r*, et le système reprend la position de la figure *k'*.

Il faut cependant pouvoir ouvrir la culasse, soit pour les manœuvres à blanc, soit pour toute autre cause. On fait alors au préalable rentrer complètement le bonhomme dans son logement au moyen d'un poussoir commandé à la main.

CULASSE A UN MOUVEMENT POUR CANON
DE SIÈGE OU DE PLACE (fig. *l'* et *m'*).

(PL. X, FIG. 77 A 89)

Cette culasse se compose de trois parties principales qui sont :

1° Une *vis* A, à filets interrompus ;

2° Un *volet* B (portant la plupart des organes de manœuvre) et une *planchette de chargement* C ;

3° Un *mécanisme de mise de feu* à percussion et à armé automatique.

Vis de culasse. — La tranche avant est plane. Les formes et les dimensions des deux secteurs filetés et des deux secteurs lisses sont telles (fig. 86 et *m'*) que, dès qu'elle est dévirée, la vis peut se trouver entraînée par le volet. La tranche arrière présente un secteur d'angle *a,* la rampe d'armé automatique *b,* les butées de verrouillage et de sécurité contre les longs feux *c* et *c',* la cloison de sécurité contre les mises de feu prématurées *d* (fig. 83 et 89). Le bloc de culasse est maintenu sur un guide λ, venu de forge avec le volet, par un filetage *e* ayant le même pas que la vis ; ce qui permet de laisser le volet immobile pendant la rotation de celle-ci.

Volet. — Le volet porte à sa partie supérieure le levier de manœuvre *f* venu de forge avec le secteur d'angle *a'* (¹). Le levier est muni d'un loquet d'accrochage *gg₁* (fig. 78, 85 et 86). Un coussinet *h* est convenablement disposé pour faciliter le montage du levier sur le volet.

---

(1) Ce secteur *a'* engrène avec *a ;* son centre est légèrement en dehors de l'axe de rotation du levier, afin de compenser le déplacement longitudinal du secteur *a* pendant le dévirage (1/4 du pas de la vis).

A sa partie inférieure, le volet est prolongé pour porter et protéger les organes de sécurité ainsi que ceux de commande de mise de feu.

Quadruple rôle du verrou. — La sécurité contre les mises de feu prématurées et contre les longs feux, le verrouillage de la vis au volet, l'armé et le déclenchement du percuteur sont obtenus au moyen d'un verrou i et d'un ressort à boudin.

Armé automatique du percuteur. — Quand on ouvre la culasse, une rampe héliçoïdale b, pratiquée dans la vis, porte le percuteur J en arrière en comprimant le ressort de mise de feu k.

Lorsque le mouvement de dévirage est terminé, le verrou i, soulevé par son ressort, vient automatiquement se placer sous un talon l du percuteur pour le maintenir armé ; ce verrou est retenu dans son mouvement d'élévation par un autre talon inférieur l' qui prend appui sur une face inclinée l'', taillée dans le canon.

Liaison du volet à la vis. — Si on continue le mouvement d'ouverture de la culasse, le volet et la vis tournent immédiatement autour de la charnière m, le talon l' du verrou glisse alors sur la face inclinée l'' du canon et achève de remonter sous l'action du ressort à boudin (fig. 80). Cette seconde phase du mouvement du verrou a pour but d'amener une partie du corps de ce verrou entre deux butées c' ménagées sur la vis de culasse afin d'immobiliser cette dernière sur son volet (fig. 88).

Sécurité contre les mises de feu prématurées. — Quand on referme la culasse, la vis et le volet restent solidaires jusqu'à ce que la face inclinée l'' agisse sur le verrou pour le dégager des butées c de la vis, et cela au moment où le volet s'applique sur la tranche du canon. — La vis exécute alors un quart de tour qui vient mettre ses secteurs filetés en prise avec ceux de l'écrou. On re-

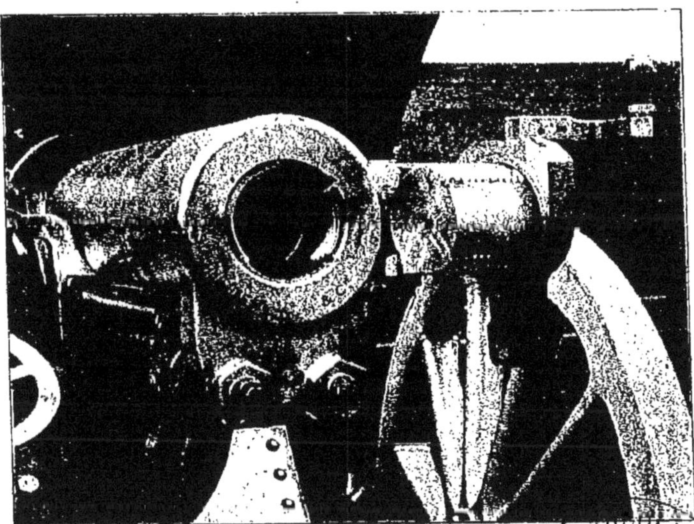

Fig. *l'* et *m'*. — Vues du canon de 105^{mm} de siège.

ART. SCHNEIDER-CANET.

marquera que, pendant ce dernier mouvement de la vis, le verrou est toujours resté engagé sous le talon du percuteur et qu'un bec supérieur n ménagé sur ce verrou se trouve au-dessus de la cloison circulaire d pratiquée sur la tranche arrière (fig. 82). Cette disposition, qui empêche toute descente du verrou, constitue la sécurité contre les mises de feu prématurées, la cloison circulaire d ne se trouvant plus sous le bec n lorsque la culasse est entièrement fermée.

Mise de feu et sécurité en cas de long feu. — Pour mettre le feu, le pointeur agit par l'intermédiaire d'une transmission sur une tringle p, terminée par un plan incliné q et une encoche r. Cette tringle est placée sous le canon, et lorsqu'on la tire en arrière, elle rappelle le verrou vers le bas au moyen du plan incliné q, déclenche le percuteur et s'accroche sur le verrou par son encoche r (fig. 87).

Le verrou étant maintenu dans cette position, son bec supérieur n, qui servait pour la sécurité contre les mises de feu prématurées, se trouve alors placé entre les deux butées de verrouillage c et s'oppose ainsi à tout mouvement d'ouverture. La sécurité contre les longs feux est alors réalisée.

Le coup parti, le canon recule et le verrou, dégagé de la tringle, remonte sous l'action de son ressort pour venir buter contre le corps du percuteur. La tringle étant rappelée en avant par un ressort antagoniste, tout le système se trouve de nouveau prêt à repasser par les mêmes mouvements (fig. 79).

Dans le cas où l'on aurait à ouvrir la culasse après un long feu, le pointeur agirait à la main sur une poignée actionnant le levier de commande L de la tringle (fig. n').

Pour éviter cette opération pendant les manœuvres ou exercices de tir au tube-canon, on fera usage d'une poignée d'exercice qui permettra au pointeur de ramener la tringle après chaque mise de feu. Cette poignée est

Fig. n'. — Poignée de combat   Fig. o'. — Poignée d'exercice
pour la commande de mise de feu du canon de 105^{mm} de siège.

semblable à celle de combat, mais le logement de la tête du levier ne présente pas temps perdu (fig. *o'*).

Extracteur automatique. — Sur le côté droit, le volet porte la charnière *m* et le dispositif d'extraction automatique.

Celui-ci comprend trois pièces : un extracteur proprement dit *s*, placé sur le diamètre horizontal du canon ; un axe d'extracteur et un doigt de commande d'extracteur *t* tournant autour de l'axe de charnière (fig. 86). Le bossage de charnière du volet porte une surface plane, convenablement disposée pour agir sur le doigt de commande de l'extracteur un peu avant l'ouverture complète de la culasse.

Planchette de chargement. — A sa partie inférieure, le bossage de charnière est muni d'une came *u*, qui commande automatiquement la planchette de chargement C.

Cette planchette est installée dans le secteur évidé inférieur de l'écrou de culasse ; elle est montée sur un axe qui la relie à la came au moyen d'une petite bielle *xx'* (fig. 86).

Le fonctionnement automatique de la planchette est le suivant : lorsque la culasse a suffisamment dégagé l'entrée de la chambre, la came, mobile avec le volet, attaque la bielle xx' par son plan incliné 1 et relève la planchette jusqu'à hauteur du bourrelet de la douille, sans toucher à ce dernier. Le mouvement d'ouverture de la culasse continuant, l'extracteur agit, éjecte la douille et, à la fin du mouvement, le plan incliné 2 de la came achève de relever la planchette à hauteur de l'entrée de la chambre.

Appareil de mise de feu.

Cet appareil comprend trois pièces :

Un corps de percuteur J;

Un ressort à boudin k;

Un bouchon y.

La pointe z du percuteur est rapportée sur le corps, afin de pouvoir être facilement remplacée.

Le corps du percuteur porte un anneau w pour permettre d'armer directement à la main sans qu'on soit forcé d'ouvrir la culasse.

La mise de feu est, comme nous l'avons vu, intimement liée au fonctionnement du verrou.

Deuxième appareil de sécurité contre la mise de feu prématurée. — Un autre appareil de sécurité relie le percuteur armé au loquet d'accrochage gg_1. Cet appareil comprend les pièces α et β qui sont disposées de telle façon que tant que le loquet gg_1 n'est pas accroché, la pièce β retient par son bec γ le percuteur si celui-ci vient à être déclenché (fig. 80).

CULASSES A MANŒUVRE CONTINUE

(PL. XI, FIG. 90 A 100)

VIS A ÉCHELONS

(FIG. 90 A 93)

Ouverture et fermeture. — On produit le dévirage en soulevant [1], puis en faisant tourner la poignée M_1 du levier de manœuvre calé sur la vis elle-même.

Dès que les filets sont dégagés de l'écrou de culasse, on fait effort pour faire tourner le volet, qu'un verrou λ placé à droite sur le diamètre horizontal du volet (fig. 93) rend solidaire de la vis. Le volet, en entraînant dans son mouvement de rotation le verrou λ, force en effet ce dernier à s'appuyer contre la facette h qui le pousse vers la gauche dans son logement λ'. Il y est maintenu par un bonhomme g : le téton o, sous l'action combinée de la facette h et du ressort à boudin ω, tombant dans une petite gâche a, la vis ne peut plus dès lors tourner dans son volet.

A la fermeture, les mouvements inverses se produisent. Le bonhomme g, qui fait saillie, est arrêté par la tranche de culasse, le téton o sort de la gâche a et le plan incliné m', glissant sur la facette m, pousse vers la droite le verrou λ qui se dégage de λ'. Le volet étant ainsi relié au tonnerre, il ne reste plus qu'à agir sur la poignée M_1 pour engager la vis dans son logement.

Il est à remarquer que le noyau de la vis est parfaitement centré par un épanouissement du volet taraudé au même pas que les filets de la vis.

---

[1] Le soulèvement de la poignée M_1 a pour effet de dégager le talon d'accrochage α qui sert de sécurité contre les dévirages et les mises de feu prématurées.

Mise de feu. — Pour mettre l'étoupille, on démasque la lumière en soulevant le verrou de mise de feu avec la poignée M_1. En agissant à la main sur la queue d'un petit extracteur e, on éjecte l'étoupille brûlée ; on replace alors une nouvelle étoupille et on laisse retomber M_1. Le percuteur est de nouveau prêt à fonctionner.

En tirant brusquement sur un cordeau accroché en b et passant dans un piton b', on abaisse la pièce d et l'on fait par suite pivoter autour de son axe x le marteau μ_1, lequel vient frapper le percuteur P_1. Le ressort de rappel j, qui a été comprimé par la pièce d, relève le marteau en se détendant, ce qui permet de répéter la percussion, s'il y a lieu.

VIS CONIQUE
(FIG. 93 A 96)

Ouverture et fermeture. — La manivelle M_2 commande un engrenage d'angle dont l'un des pignons π' attaque la crémaillère k, la force à coulisser vers la gauche et par suite à entraîner le pignon p et les roues R et r [1].

La roue r, portée par le volet V, présente des nervures n qui, engagées dans le noyau de la vis, forcent cette dernière à dévirer et à se rapprocher du volet. Des ergots e de la tête mobile et un filetage φ (de même pas que celui de la vis) guident ce déplacement.

Quand le dévirage est terminé, le pignon π' se cale sur la charnière et tout l'ensemble pivote pour démasquer la culasse.

Le fonctionnement du verrou de volet est le même que dans la culasse à échelons (fig. 93).

Mise de feu. — Pour placer l'étoupille on soulève l'ensemble du verrou par sa tête quadrillée U.

---

[1] La crémaillère à double effet k agit d'abord sur un ergot u porté par la roue R. Cette disposition est utile en cas de dureté de la culasse.

Le cordeau tire-feu est accroché à l'axe x du marteau μ_2. Ce dernier présente un ergot ϵ qui s'engage dans une rainure héliçoïdale w de l'axe x. En exerçant sur le cordeau une traction vers la droite, on force le marteau à se rabattre et à venir frapper la pointe percutante P_2. Le marteau, en tombant, fait remonter la crémaillère k' et celle-ci comprime un ressort qui relève le marteau.

La pointe percutante P_2 est munie d'une petite tringle de sécurité σ ([1]), commandée à la main.

VIS A FILETS INTERROMPUS (fig. p' et q')

(FIG. 97 A 100)

Ouverture et fermeture de la culasse. — La manivelle M_3 commande, par l'intermédiaire de deux pignons coniques, l'axe de charnière sur lequel est calée une roue dentée spéciale ρ.

Supposons la culasse fermée. Quand on fait tourner la manivelle M_3 la roue ρ agit sur le secteur denté Σ et le dévirage se produit. Au moment où le huitième de tour est achevé, la roue ρ engrène avec la crémaillère x et la vis, sortant de son écrou, reste soutenue par la console.

Puis la vis, arrêtée par le verrou v, est entraînée ainsi que la console à la position d'ouverture, où elle est maintenue par un cliquet en prise avec un rochet r.

La fermeture résulte de la rotation de la manivelle en sens contraire qui produit les mouvements inverses.

Mise de feu électrique (fig. 100). — Le pointeur peut mettre le feu avec la tringle τ, dont l'extrémité arrière taillée en plan incliné permet de rapprocher du centre un poussoir z. Ce dernier, déplaçant un contact isolé ι, ferme le circuit formé par le fil f, le fil f', l'étoupille électrique, la masse du canon et la pile.

([1]) La pointe percutante P_2 est à volonté mise à la position de tir ou bien éloignée de l'étoupille.

Mise de feu à percussion. — La figure 100 peut servir aussi à comprendre le fonctionnement du mécanisme à percussion. Il suffit d'ajouter en x' une petite cale (figurée en pointillé). Quand on agit sur la tringle τ, on rapproche du centre le poussoir z, le contact ι, la gâchette y.

Cette dernière, appuyant sur l'extrémité du petit verrou u, soulève le marteau μ, en le faisant pivoter autour de son axe β.

Le ressort s est alors bandé à ses deux extrémités : d'une part par la gâchette et d'autre part par le galet γ. Au moment où le petit verrou u échappe la gâchette, le marteau retombe.

Sécurité contre les longs feux. — La tringle τ va s'accrocher par une encoche ε au sommet du poussoir z. Si le coup ne part pas, le poussoir ne peut remonter et reste engagé dans un logement Ψ pratiqué dans la culasse, qu'on ne peut dès lors dévirer.

Si au contraire le coup part, le canon recule, le poussoir échappe l'encoche ε. La tringle τ est rappelée par un ressort.

Sécurité contre les mises de feu prématurées. — Pour placer l'étoupille, il faut écarter le verrou de mise de feu Q en le faisant tourner autour de son pivot o. (Ce mouvement produit l'éjection de l'étoupille précédente.) Ceci fait, tant que la culasse n'est pas fermée complètement, le verrou Q ne peut se trouver en face du poussoir z, fixé sur la tranche de culasse, et la mise de feu se trouve rendue impossible.

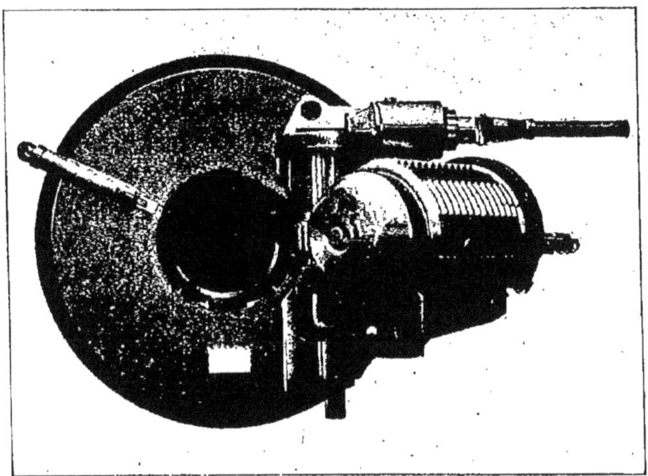

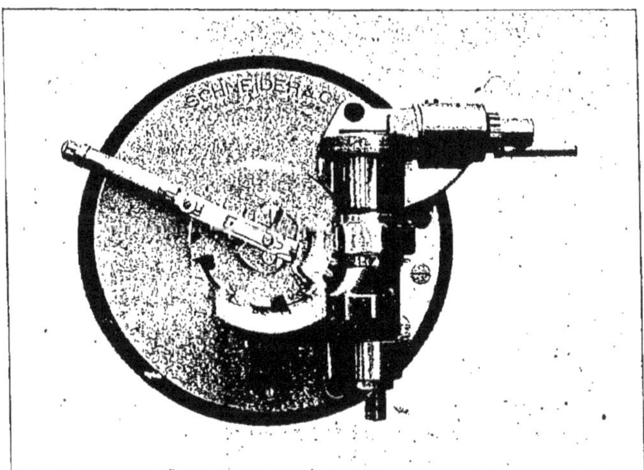

Fig. p' et q'. — Culasse à mouvement continu pour canons de gros calibre.

CUIRASSEMENTS

Nous avons jusqu'ici limité notre étude à l'artillerie proprement dite; mais l'exposition Schneider et Cie comprenait encore des projectiles et des artifices de toute nature, des appareils balistiques, des pièces de forge et *surtout* des plaques de blindage.

C'est ainsi qu'on y trouvait, non seulement des spécimens (ou fac-simile) de blindages fournis à diverses puissances, mais aussi une *collection de plaques essayées au tir,* collection qui constituait pour ainsi dire une histoire abrégée du cuirassement.

En examinant ces échantillons plus ou moins mutilés, on pouvait en quelques instants se rendre compte de la série des progrès apportés à tour de rôle à la fabrication des projectiles et à celle des blindages. Aussi sommes-nous amené tout naturellement à dire quelques mots de ces derniers, en insistant particulièrement sur le mode actuellement usité pour apprécier la valeur du métal.

*
* *

« Le fer est resté, jusqu'en 1878, le seul métal employé
« au cuirassement des navires pour les ceintures et les
« tourelles aussi bien que pour les ponts..... L'usine du
« Creusot a pris l'initiative de la fabrication des plaques
« d'acier et en a poursuivi la mise au point avec une éner-
« gie des plus méritoires..... Aux expériences compara-
« tives de la Spezzia en 1884, deux des plaques étaient
« en métal mixte, l'une livrée par l'usine Cammel, l'autre
« par l'usine Brown ; la troisième était en acier du
« Creusot.....

« Le succès incontestable de la plaque du Creusot

« détermina la Marine Italienne à adopter désormais
« l'acier de façon exclusive dans la fabrication des cuiras-
« sements dont elle avait besoin....

« En 1890, l'usine du Creusot présenta, pour les tirs
« comparatifs effectués aux États-Unis au polygone
« d'Annapolis, une plaque en acier au nickel qui fut
« éprouvée en concurrence avec une plaque en acier ordi-
« naire venant de la même maison et une plaque mixte
« livrée par l'usine Cammel de Sheffield.....

« ... Cette première plaque en acier au nickel remporta
« une victoire incontestée... et le gouvernement des États-
« Unis décida d'imposer l'emploi du nickel pour tous
« ses blindages... » (¹)

Mais l'artillerie continuant ses progrès, les ingénieurs
des constructions navales devinrent plus exigeants.

En 1891, Saint-Chamond allia fort heureusement l'emploi du chrome à celui du nickel et, vers 1893, l'usage
de la cémentation se généralisa. Au Creusot, malgré
l'adoption presque universelle des méthodes Harvey, on
fit exclusivement usage d'un procédé au gaz d'éclairage
permettant de régler l'action cémentante. Les résultats
obtenus furent d'ailleurs satisfaisants dès le début, ainsi
que le montrait la plaque d'épreuve du cuirassé russe
Tri Sviatitelia, essayée au tir le 18 août 1893.

Le projectile se brisa en enlevant seulement des écailles,
relativement petites, du métal attaqué.

On remarquera en passant que les empreintes conser-
vent cette même apparence sur toutes les plaques cémen-
tées. Sur les blindages en acier ordinaire, au contraire, le
métal est refoulé tout autour du point d'impact en une
sorte de corolle très différente des larges cassures con-
choïdales observées avec l'acier au nickel.

---

(1) *Les Plaques de blindage,* par M. L. BACLÉ (*Paris,* Dunod, 1900),
p. 34 et suiv.

Coefficient de résistance des blindages.

Au reste, avec les nouveaux cuirassements, ni l'examen du mode d'action du projectile, ni les renseignements sur l'épaisseur de la plaque, sur la nature, le calibre, le poids et la vitesse d'attaque du projectile ne suffisent pour permettre de se rendre compte de la valeur du métal; d'autres indications encore deviennent nécessaires.

Aussi à l'Exposition, outre les indications précédentes, on voyait inscrite sur certaines plaques une donnée nouvelle : le rapport de la *vitesse du projectile au choc* à la *vitesse strictement nécessaire pour perforer l'acier ordinaire*. Cette dernière vitesse est calculée par la formule *Jacob de Marre* :

$$v_{p.s.} = 1530 \, \frac{a^{0,75} \, \varepsilon^{0,7}}{p^{0,5}},$$

où ε représente l'épaisseur de la plaque, a et p le calibre et le poids du projectile (1).

Étant donnée une plaque en *acier spécial* de même épaisseur ε, qui a supporté à la vitesse V, sans être traversée, le choc du projectile défini par a et p, on appelle *coefficient de résistance* de cette plaque la quantité

$$\rho = \frac{V}{v_{p.s.}}.$$

Si l'on a, par exemple, $\rho = 1.50$, cela veut dire que la plaque a résisté, dans les conditions d'attaque spécifiées, à une vitesse supérieure de 50 p. 100 à celle qui est strictement nécessaire pour perforer une plaque d'acier ordinaire de même épaisseur.

Grâce à la caractéristique ρ, on peut ainsi comparer le métal essayé à un métal-étalon connu.

Son emploi est donc particulièrement commode et simplifie considérablement le langage.

. (1) Les vitesses sont exprimées en mètres, le calibre a et l'épaisseur ε en décimètres, le poids p en kilogrammes.

Fig. 1'. — Plaque en acier spécial cémenté de 157 mm d'épaisseur, ayant subi le tir de 4 projectiles Holtzer à des vitesses variant entre 581 et 599 m (e compris entre 1,36 et 1,41).

CONCLUSIONS

Nous sommes arrivé au terme de cette étude, où, en essayant de dégager les principes sur lesquels reposent les engins et les mécanismes actuels, nous avons été amené à faire en quelque sorte l'esquisse de la physionomie générale de l'artillerie au commencement du xxᵉ siècle.

La réunion dans un pavillon spécial de tous les produits de la maison Schneider et Cⁱᵉ concernant la métallurgie et l'armement permettait en effet à l'observateur de se faire une idée d'ensemble de l'étendue des exigences des armées modernes.

C'est à ces exigences, toujours croissantes, qu'on peut en grande partie attribuer l'augmentation considérable survenue dans l'outillage et dans l'importance des établissements métallurgiques dont nous venons de nous occuper.

La petite fonderie de Montcenis, créée à la fin du XVIIIᵉ siècle et alimentée par la mine du Creusot, est ainsi devenue une grande usine qui a essaimé au Havre, à Chalon-sur-Saône, à Cette et dans d'autres localités encore. Et il est à supposer que ce mouvement d'extension n'est pas encore arrivé à sa fin.

C'est surtout dans les quelques années comprises entre les deux dernières Expositions que se sont produits les progrès les plus rapides et les plus caractéristiques.

En 1889, on parlait à peine d'artillerie à tir rapide et le fer constituait le métal usuel des blindages. En 1900, à côté de canons de petit calibre à tir rapide et de canons de gros calibre à tir accéléré, on pouvait voir des plaques de fabrication courante capables de résister à l'obus de rupture en acier chromé avec un coefficent de 1.46, mais se laissant traverser par les projectiles à coiffe ([1]).

La question en est là. L'artillerie a pour le moment l'avantage dans le duel. Le gardera-t-elle longtemps? Nous ne saurions le dire; mais nous pouvons, tout au moins, souhaiter que l'industrie française nous donne le métal de demain, comme elle nous a déjà donné, en 1884 et en 1890, les blindages de la Spezzia et d'Annapolis.

([1]) La meilleure plaque exposée avait 2ᵐ,41 de longueur, 1ᵐ,35 de hauteur et 256 mm d'épaisseur. Elle avait subi le tir de 6 projectiles dans les conditions suivantes :

CALIBRE du projectile.	INCIDENCE DU TIR.	VITESSE au choc.	p	RÉSULTATS.
mm		m		
240	0° avec la normale.	643	1.36	Plaque non traversée.
240	0° —	700	1.47	Plaque percée, muraille non traversée.
194	0° —	785	1.40	Plaque non traversée.
194	0° —	812	1.46	Id.
164,7 coiffé	0° —	870	1.46	Plaque traversée.
164,7 coiffé	18° —	870	1.40	Id.

Tous les projectiles ont été écrasés ou brisés.

TABLE DES MATIÈRES

MÉCANISMES DE CULASSE

PLANCHES

Nancy, impr. Berger-Levrault et Cie.

CANON DE CAMPAGNE DE 75mm A TIR RAPIDE MODÈLE 1898-1900. (Schneider-Canet).

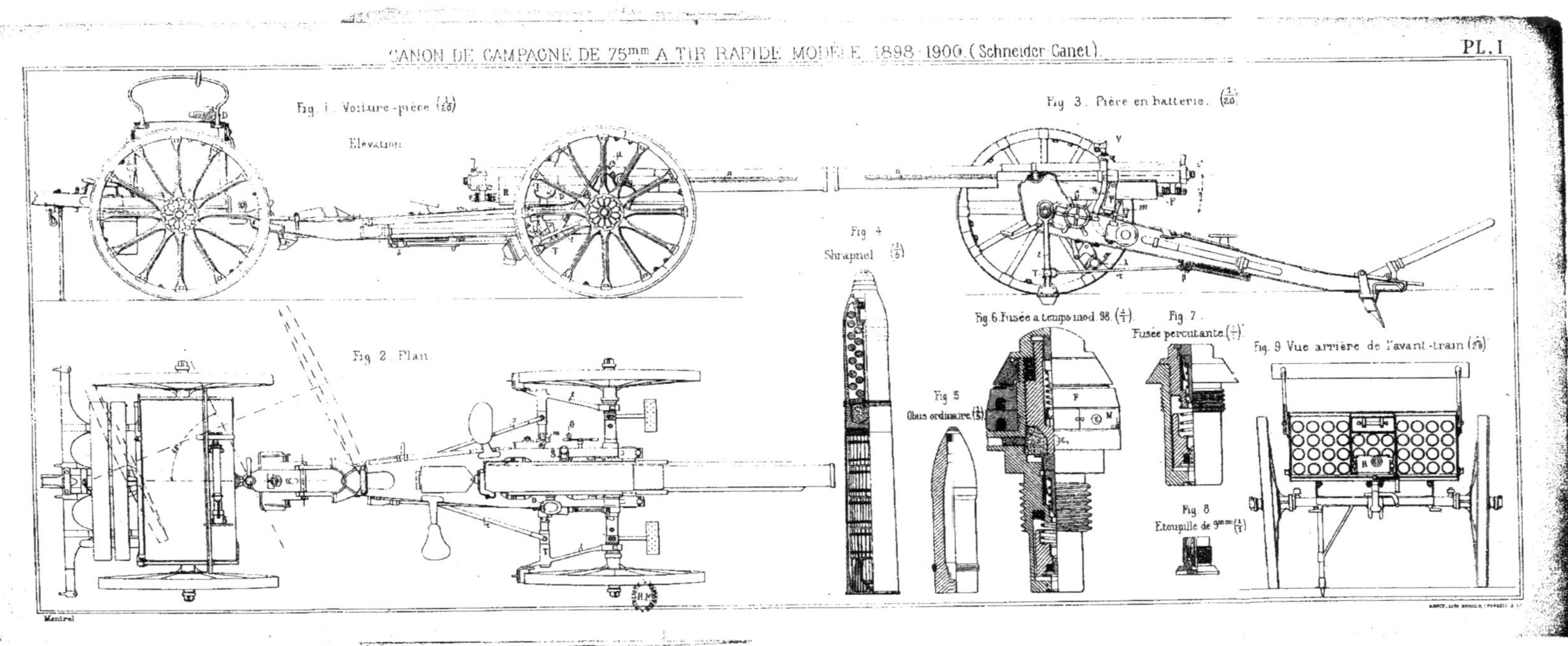

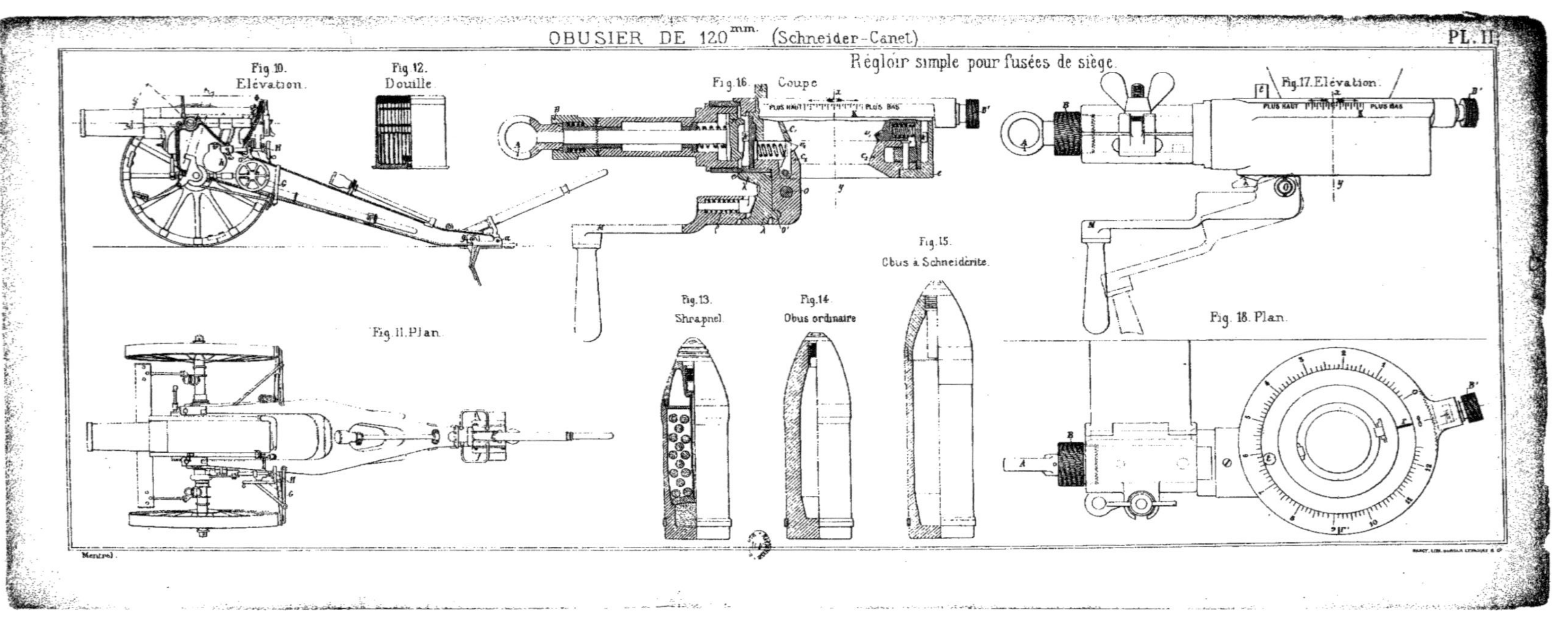

OBUSIER DE 120mm. (Schneider-Canet).
PL. II.
Régloir simple pour fusées de siège.
Fig 10. Elévation.
Fig 12. Douille.
Fig. 16. Coupe
PLUS HAUT PLUS BAS
Fig. 17. Elévation.
PLUS HAUT PLUS BAS
Fig. 11. Plan.
Fig. 15. Obus à Schneidérite.
Fig. 13. Shrapnel.
Fig. 14 Obus ordinaire
Fig. 18. Plan.
Menzrel.

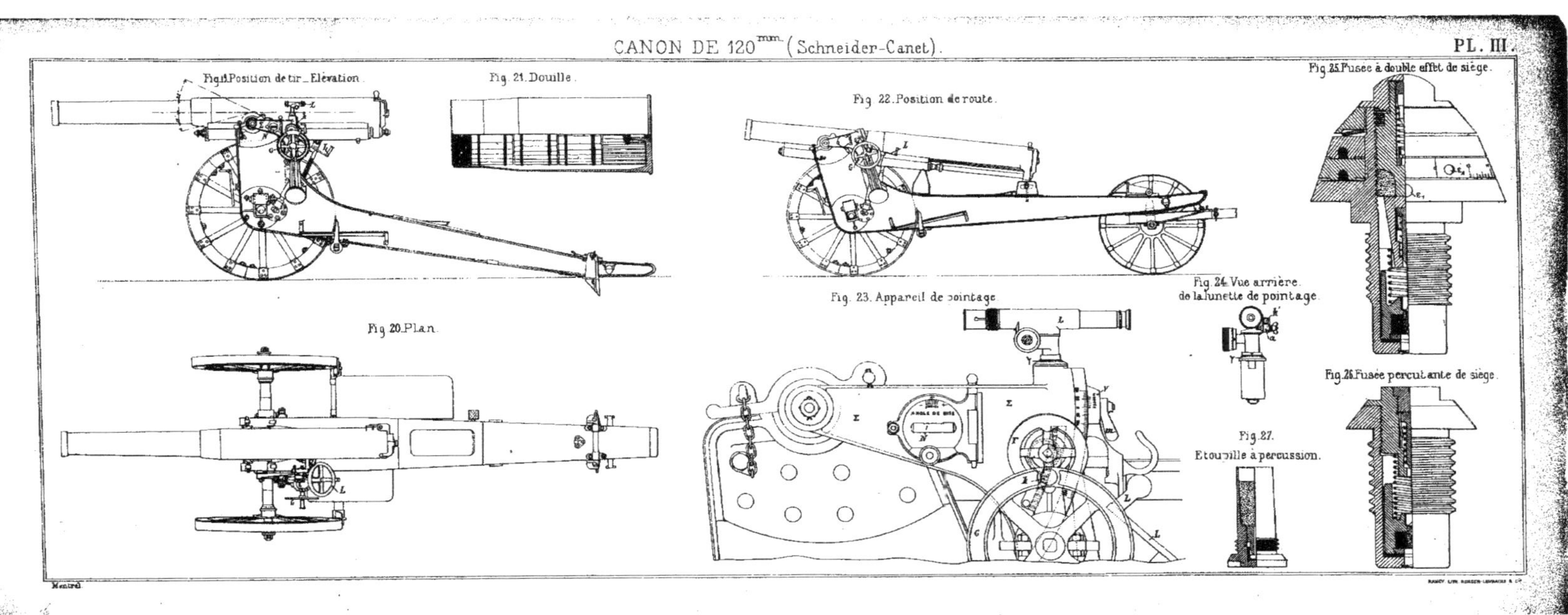

CANON DE 120mm (Schneider-Canet).
PL. III.
Fig. 19. Position de tir — Elévation.
Fig. 21. Douille.
Fig. 22. Position de route.
Fig. 25. Fusée à double effet de siège.
Fig. 20. Plan.
Fig. 23. Appareil de pointage.
Fig. 24. Vue arrière de la lunette de pointage.
Fig. 26. Fusée percutante de siège.
Fig. 27. Etoupille à percussion.
Montréal

TOURELLE A ÉCLIPSE DE 57mm (Schneider-Canet). PL. IV.

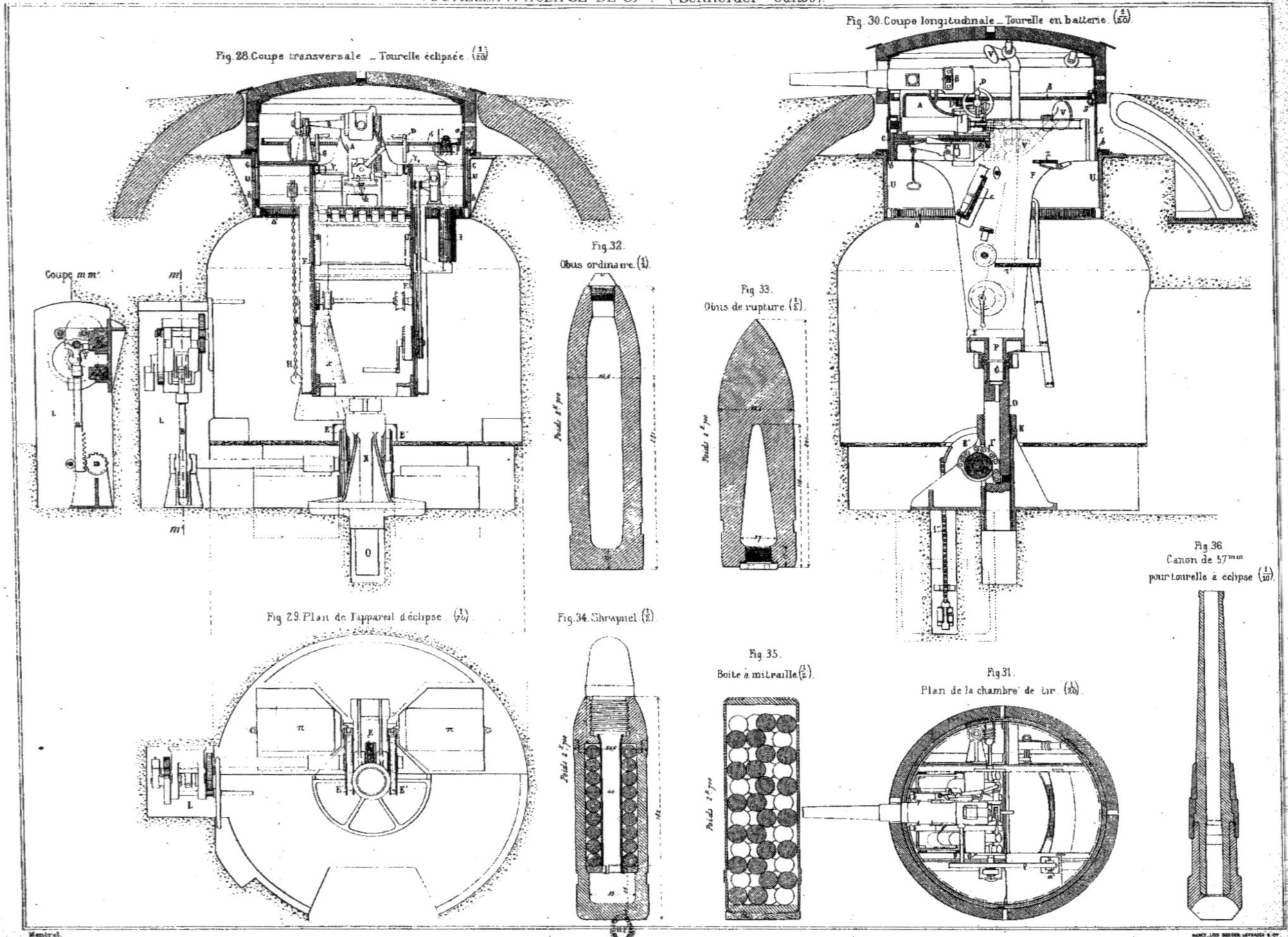
Fig. 28. Coupe transversale _ Tourelle éclipsée. (1/20)
Coupe m m'.
Fig. 29. Plan de l'appareil d'éclipse. (1/20)
Fig. 30. Coupe longitudinale _ Tourelle en batterie. (1/20)
Fig. 31. Plan de la chambre de tir. (1/20)
Fig. 32. Obus ordinaire. (1/2)
Poids 2k 700
Fig. 33. Obus de rupture (1/2).
Poids 2k 700
Fig. 34. Shrapnel. (1/2)
Poids 2k 700
Fig. 35. Boite à mitraille (1/2).
Poids 2k 700
Fig. 36. Canon de 57mm pour tourelle à éclipse (1/10).
Monrocq.

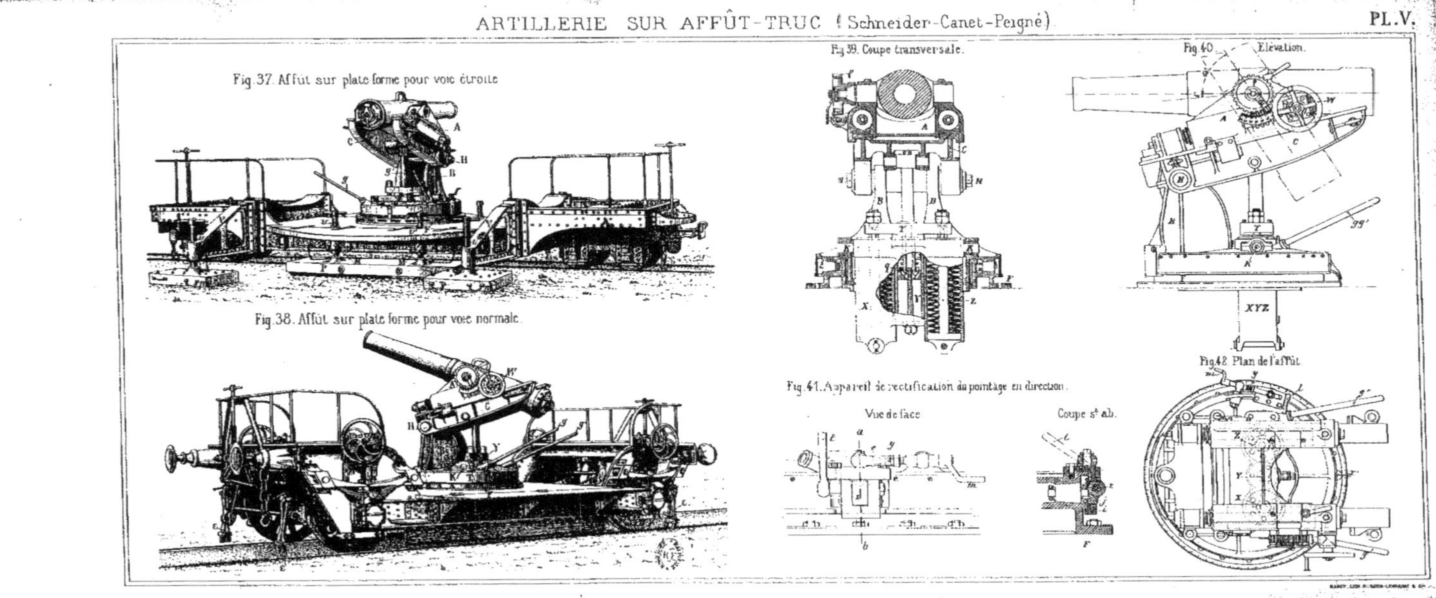

Fig. 37. Affut sur plate forme pour voie étroite

Fig. 38. Affut sur plate forme pour voie normale.

Fig. 39. Coupe transversale.

Fig. 40. Elevation.

Fig. 42. Plan de l'affût.

Fig. 41. Appareil de rectification du pointage en direction.

Vue de face

Coupe s.t ab.

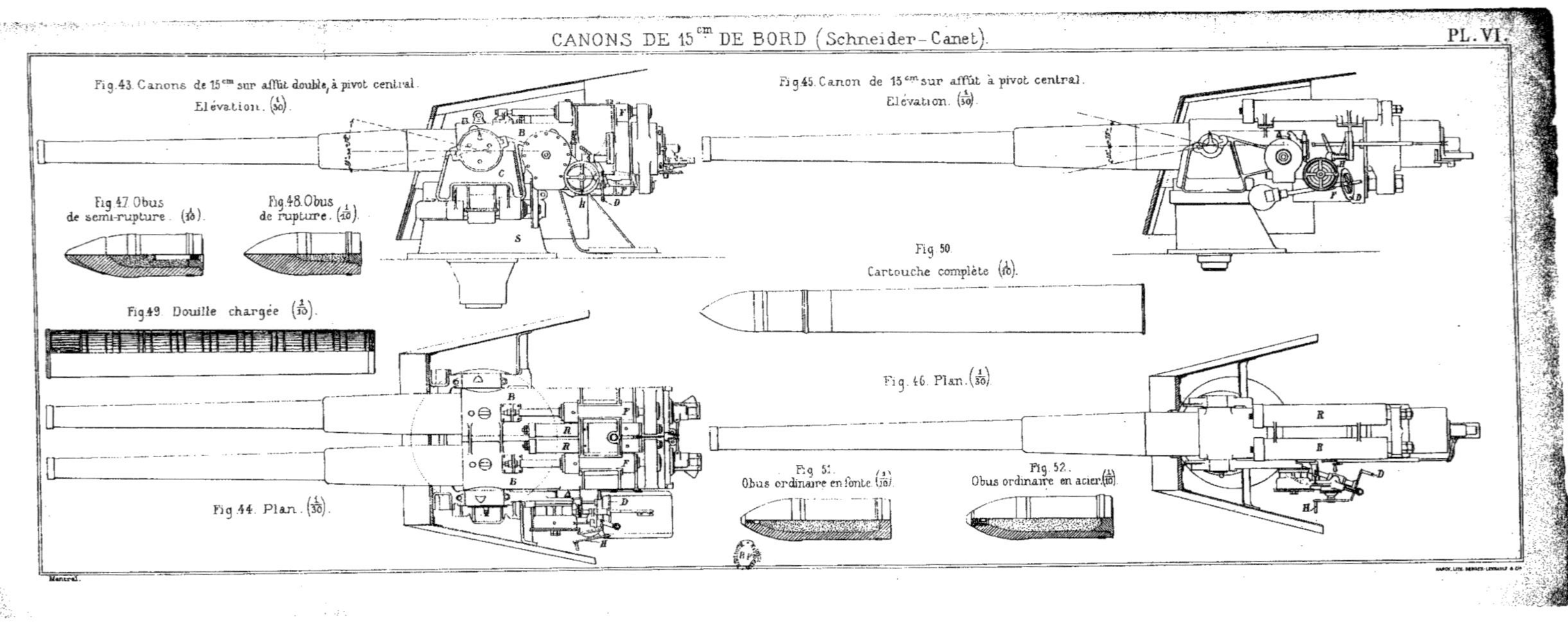

CANONS DE 15 cm DE BORD (Schneider-Canet).
PL. VI.
Fig. 43. Canons de 15 cm sur affût double, à pivot central. Elévation. (1/30).
Fig. 45. Canon de 15 cm sur affût à pivot central. Elévation. (1/30).
Fig. 47. Obus de semi-rupture. (1/10).
Fig. 48. Obus de rupture. (1/10).
Fig. 49. Douille chargée. (1/10).
Fig. 50. Cartouche complète. (1/10).
Fig. 46. Plan. (1/30).
Fig. 44. Plan. (1/30).
Fig. 51. Obus ordinaire en fonte. (1/10).
Fig. 52. Obus ordinaire en acier. (1/10).
Manrel.

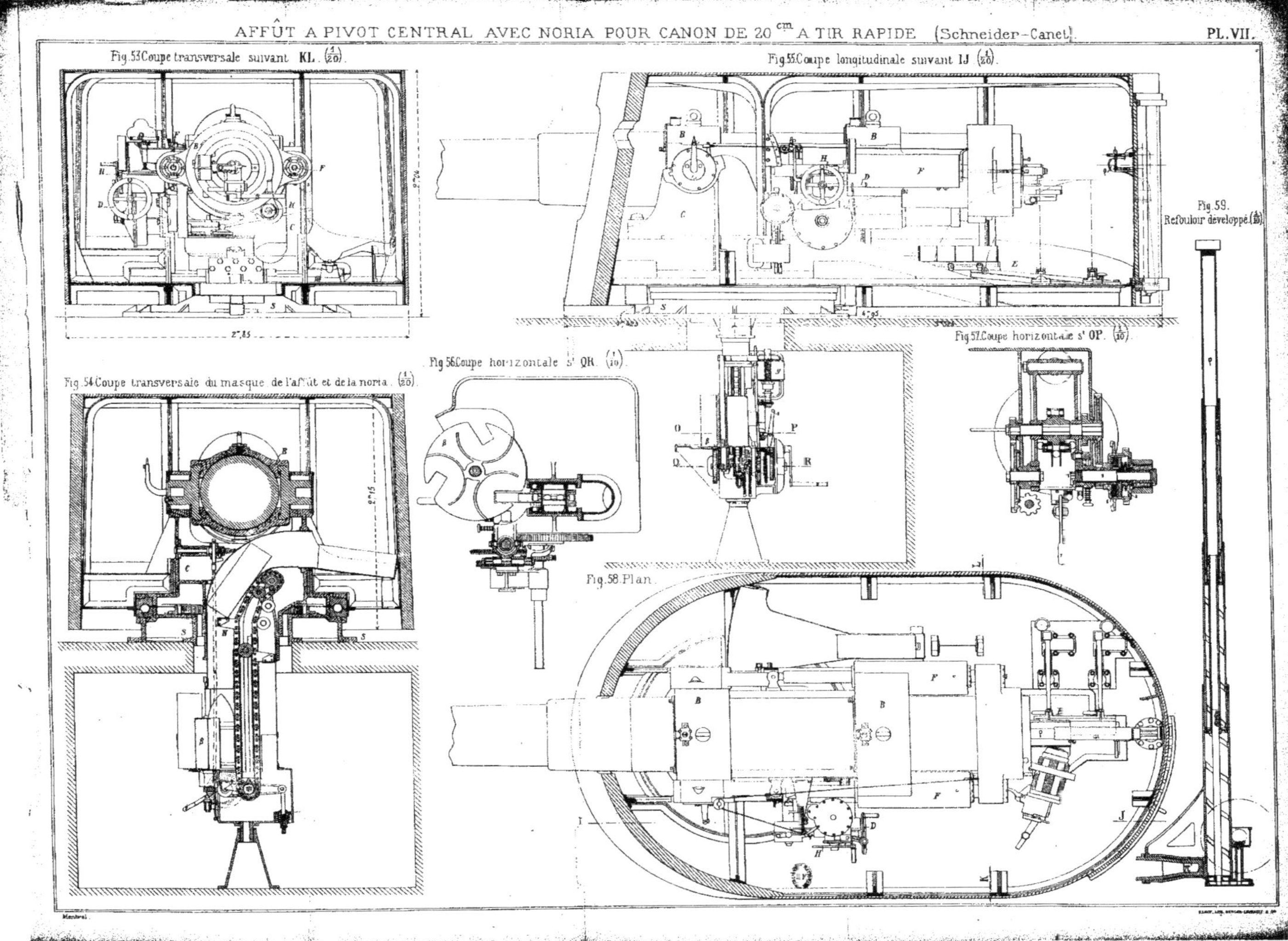

AFFÛT A PIVOT CENTRAL AVEC NORIA POUR CANON DE 20 cm A TIR RAPIDE (Schneider-Canet).
PL. VII.
Fig. 53 Coupe transversale suivant KL. (1/20).
Fig. 55 Coupe longitudinale suivant IJ. (1/20).
Fig. 59. Refouloir développé. (1/10).
Fig. 54 Coupe transversale du masque de l'affût et de la noria. (1/20).
Fig. 56 Coupe horizontale s' QR. (1/10).
Fig. 57 Coupe horizontale s' OP. (1/10).
Fig. 58 Plan.

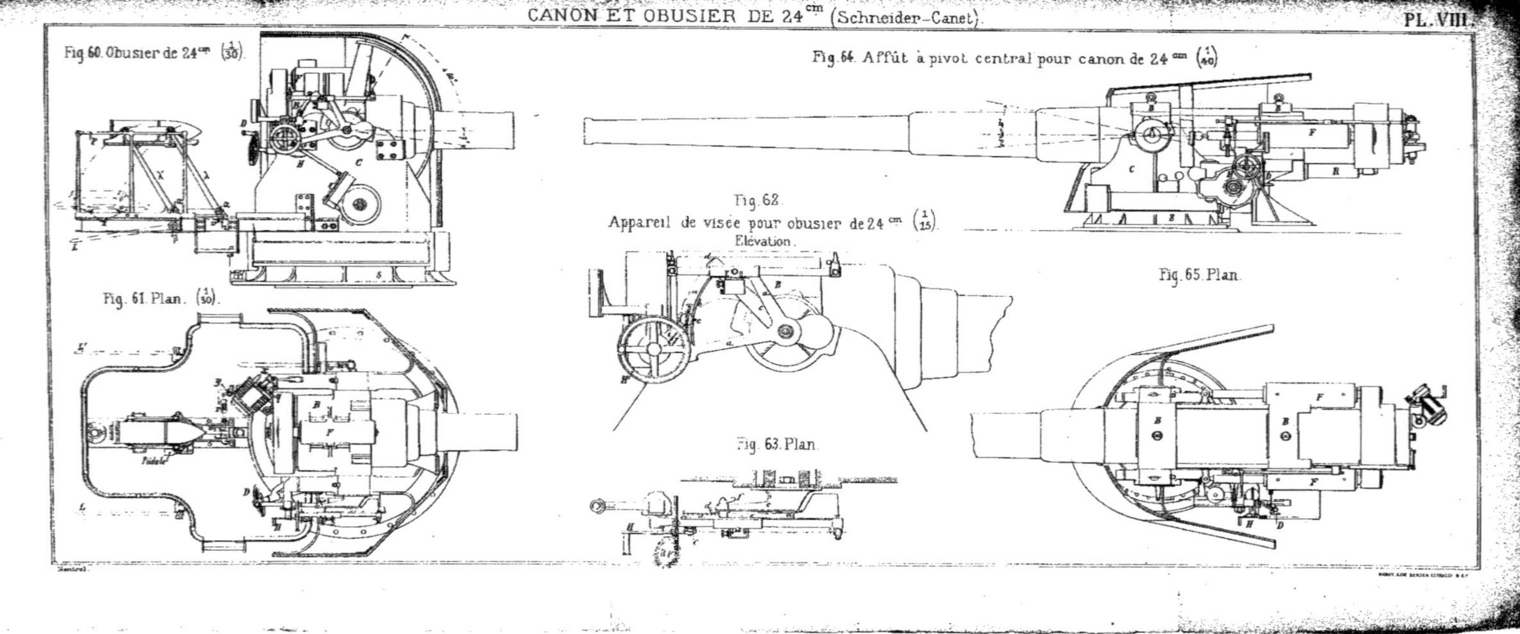

CANON ET OBUSIER DE 24 cm (Schneider-Canet).
PL. VIII
Fig 60. Obusier de 24 cm (1/30).
Fig. 61. Plan. (1/30).
Fig. 62. Appareil de visée pour obusier de 24 cm (1/15). Elévation.
Fig. 63. Plan.
Fig. 64. Affût à pivot central pour canon de 24 cm (1/40).
Fig. 65. Plan.

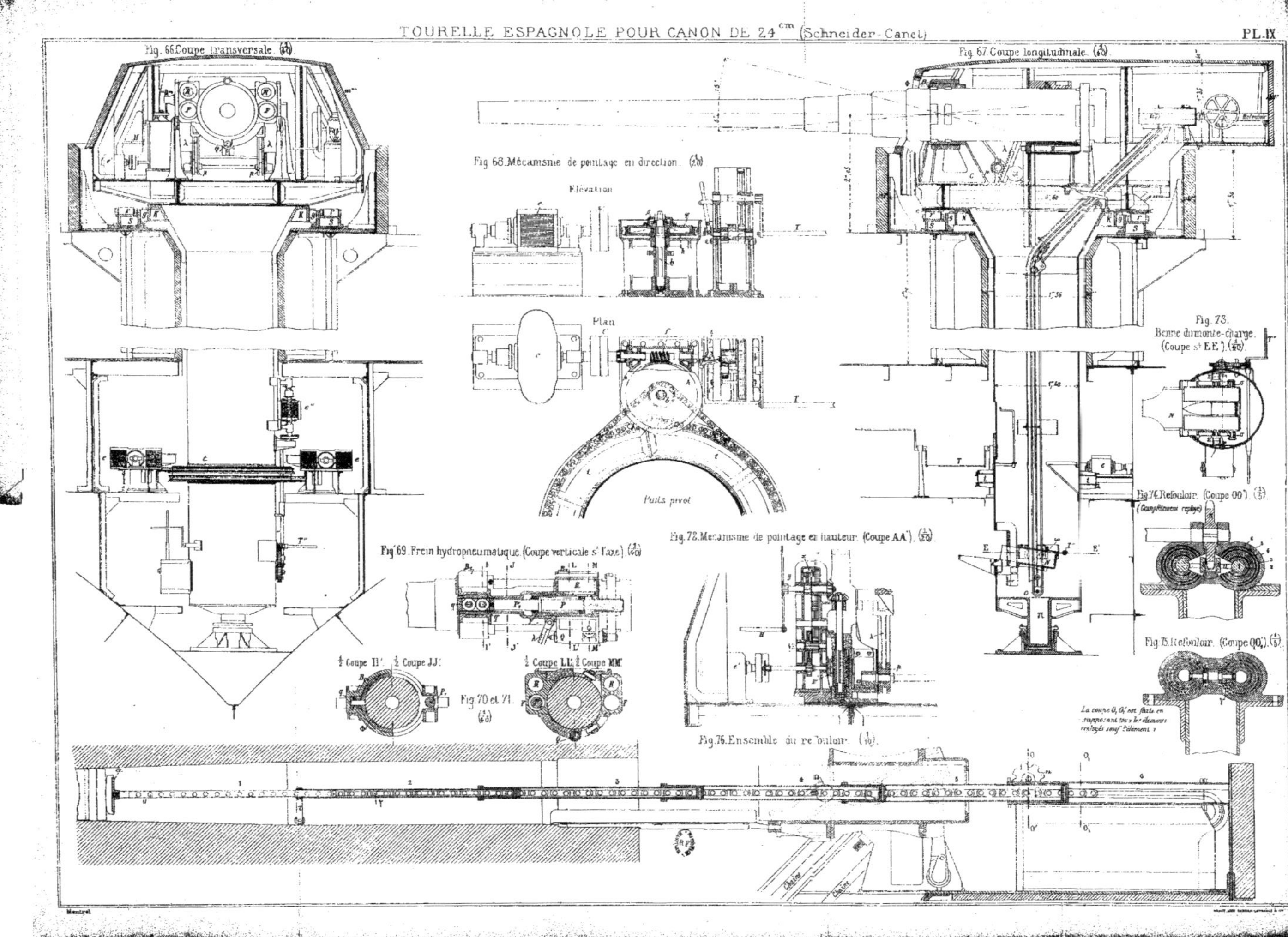
Fig. 66.Coupe transversale
Fig. 67.Coupe longitudinale.
Fig. 68.Mécanisme de pointage en direction.
Élévation
Plan
Puits pivot
Fig. 69.Frein hydropneumatique. (Coupe verticale s' l'axe).
½ Coupe II'. ½ Coupe JJ'.
½ Coupe LL'. ½ Coupe MM'.
Fig. 70 et 71.
Fig. 72.Mécanisme de pointage en hauteur. (Coupe AA').
Fig. 73.
Benne du monte-charge.
(Coupe s' E.E').
Fig. 74.Refouloir. (Coupe OO').
Fig. 75.Refouloir. (Coupe OO').
Fig. 76.Ensemble du refouloir.

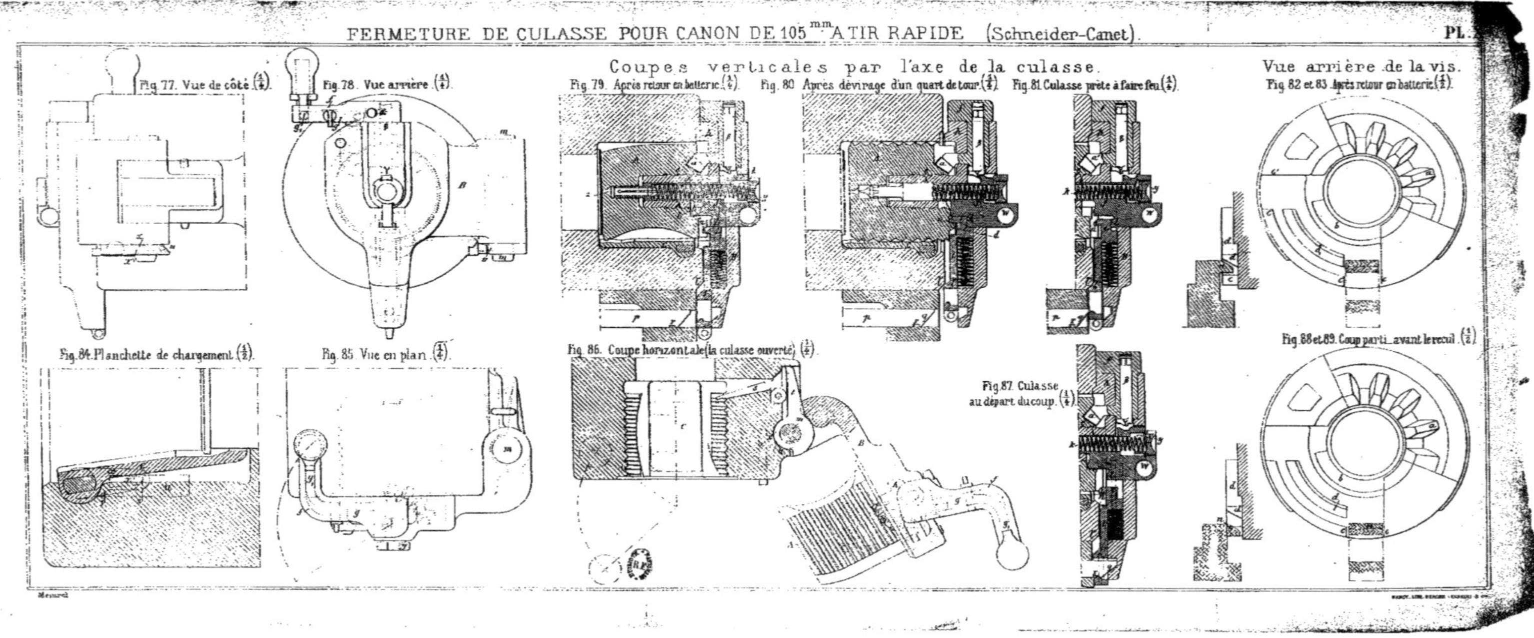

FERMETURE DE CULASSE POUR CANON DE 105^{mm} A TIR RAPIDE (Schneider-Canet).
Pl.
Coupes verticales par l'axe de la culasse.
Vue arrière de la vis.
Fig. 77. Vue de côté. (¼).
Fig. 78. Vue arrière. (¼).
Fig. 79. Après retour en batterie. (¼).
Fig. 80. Après dévirage d'un quart de tour. (¼).
Fig. 81. Culasse prête à faire feu (¼).
Fig. 82 et 83. Après retour en batterie. (¼).
Fig. 84. Planchette de chargement. (¼).
Fig. 85. Vue en plan. (¼).
Fig. 86. Coupe horizontale (la culasse ouverte) (¼).
Fig. 87. Culasse au départ du coup. (¼).
Fig. 88 et 89. Coupe partie avant le recul. (¼).

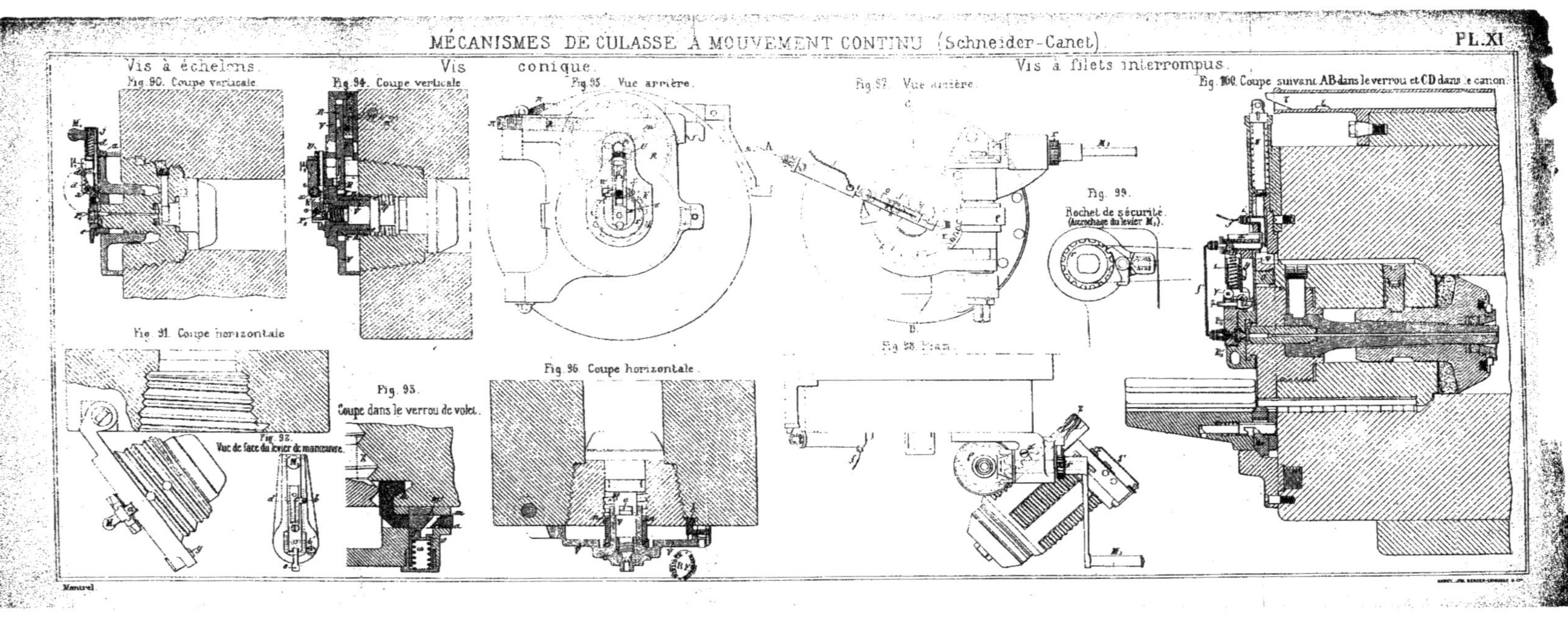
Vis à échelons.
Fig. 90. Coupe verticale.
Fig. 94. Coupe verticale.
Vis conique.
Fig. 95. Vue arrière.
Fig. 97. Vue arrière.
Vis à filets interrompus.
Fig. 100. Coupe suivant AB dans le verrou et CD dans le canon.
Fig. 91. Coupe horizontale.
Fig. 99.
Rochet de sécurité.
(Accrochage du levier M.)
Fig. 93.
Coupe dans le verrou de volet.
Fig. 96. Coupe horizontale.
Fig. 98. Plan.
Fig. 92.
Vue de face du levier de manœuvre.
Manceel

NANCY, IMPRIMERIE BERGER-LEVRAULT ET Cie

www.ingramcontent.com/pod-product-compliance
Ingram Content Group UK Ltd.
Pitfield, Milton Keynes, MK11 3LW, UK
UKHW020848120726
13693UKWH00002B/878